DIREITO PROCESSUAL
DO TRABALHO PARA PRINCIPIANTES

JOÃO ALBINO SIMÕES RODRIGUES

Bacharel em Direito pela Faculdade de Direito da Universidade Federal de Pelotas. Professor adjunto de Direito do Trabalho e Direito Processual do Trabalho da Universidade Federal de Pelotas. Membro titular do Conselho de Administração da Escola da Magistratura trabalhista/RS.

DIREITO PROCESSUAL DO TRABALHO PARA PRINCIPIANTES

Dados Internacionais de Catalogação na Publicação (CIP)
(Câmara Brasileira do Livro, SP, Brasil)

Rodrigues, João Albino Simões
    Direito processual do trabalho para principiantes / João Albino Simões Rodrigues — São Paulo : LTr, 2009.

    Bibliografia.
    ISBN 978-85-361-1365-4

    1. Direito processual do trabalho 2. Direito processual do trabalho — Brasil I. Título.

09-03751   CDU-347.9:331 (81)

Índice para catálogo sistemático:

1. Brasil : Direito processual do trabalho
347.9:331 (81)

© Todos os direitos reservados

EDITORA LTDA.

Rua Apa, 165 – CEP 01201-904 – Fone (11) 3826-2788 – Fax (11) 3826-9180
São Paulo, SP – Brasil – www.ltr.com.br

LTr 3869.7   Junho, 2009

À Lia, minha querida esposa e companheira de todas as batalhas — as da vida e as jurídicas.

Aos meus filhos Luciana, Eduardo e Laila.

Ao meu "neto" — Senhor Fulano — amiguinho que me acompanhou em muitas das madrugadas em que este trabalho foi escrito.

Na elaboração deste livro agradeço, profundamente, aos meus alunos e ex-alunos da Faculdade de Direito da Universidade Federal de Pelotas que, durante 30 anos, com suas indagações e questionamentos, desafiaram-me a escrever estas linhas.

Agradeço, igualmente, à Justiça do Trabalho Brasileira na qual desempenhei praticamente todas as funções, inclusive a de Juiz, o que me propiciou boa parte do conhecimento que agora compartilho com os leitores.

SUMÁRIO

PREFÁCIO — Lucas Lorea Gonçalves.. 11
INTRODUÇÃO 13

CAPÍTULO I
Conflitos do trabalho. Conceito. Classificação. Formas de solução..... 15

CAPÍTULO II
Princípios orientadores do processo em geral e do processo do trabalho em particular 19

CAPÍTULO III
Jurisdição especial do trabalho. Organização da Justiça do Trabalho. Competências material, territorial e pessoal 24

CAPÍTULO IV
Partes e procuradores 32

CAPÍTULO V
Procedimentos processuais trabalhistas 36

CAPÍTULO VI
Recursos 53

CAPÍTULO VII
Processo de execução 65

CAPÍTULO VIII
Dissídios coletivos 73

CAPÍTULO IX
Procedimentos cautelares na Justiça do Trabalho.............................. 76

APÊNDICE 79

PREFÁCIO

Fosse pretensiosa esta obra, não haveria de ter o título que tem, tampouco seria eu o escolhido para prefaciá-la.

Muito honrado, aceitei o convite do Professor João Albino para prefaciar o seu livro, o qual é fruto de sua larga experiência na área trabalhista, seja de serventuário da Justiça do Trabalho, de juiz do trabalho, de professor e de advogado. Lendo-o, percebe-se o que, na linguagem de Camões, chama-se "o saber da experiência feita".

Trata-se de uma obra direta, muito mais do que um manual, tenho-o como um livro de aprender. De leitura acessível, sumamente agradável, estas páginas retratam, em um desenvolver lógico e prático, todo o procedimento trabalhista. Começa tratando dos conflitos do trabalho, que originarão as lides, chegando até a execução da sentença. Não olvida os dissídios coletivos e os Procedimentos Cautelares. Encerra oferecendo uma reflexão sobre o que poderia ser mudado nos direitos e na vida dos trabalhadores. É, por assim dizer, uma visão procedimental do Direito Processual Trabalhista.

A obra, por seu poder de síntese, crê-se possa ser útil, não só aos principiantes, como eu, a quem se destina, mas a todos os profissionais que lidam com o Direito do Trabalho, tendo em vista o tempo de urgência e abundância de informações em que se vive.

Posso dizer, apropriando-me da expressão de Lins e Silva, que se "no Direito o complicado é ser simples", o autor venceu este brocardo.

Por derradeiro, esta é uma obra de curso porque ensina, de início porque é um bom começo e de fim porque é uma revisita.

Lucas Lorea Gonçalves
Estudante de Direito e principiante.

INTRODUÇÃO

O próprio nome dado a este trabalho já indica o seu conteúdo e os seus fins. Direito Processual do Trabalho para Principiantes é uma obra destinada não só aos operadores do Direito em geral, que dela talvez pouco proveito possam extrair, mas, principalmente para estudantes e leigos no assunto.

Apesar de tratar de matéria eminentemente técnica, procurei abordar cada tema com a maior simplicidade possível, de modo que o leitor possa conhecer cada instituto que compõe o Direito Processual Trabalhista no Brasil.

Não posso intitular esta obra como um curso ou um manual. Ele é menos do que isto. É, apenas uma iniciação ao estudo dos preceitos fundamentais e dos princípios que orientam o processo trabalhista, processo este que, pela sua natureza, vem, a cada dia que passa, influenciando o Direito Processual Civil e o Direito Processual Penal.

Ao longo do trabalho procurei não emitir opiniões pessoais. Só ao final, no apêndice, foi que ousei sugerir algumas modificações no direito material e no direito processual do trabalho. Talvez o que me impeliu a escrever esta humilde obra foi exatamente o conteúdo de sua parte final, porquanto sou um inconformado com a lentidão do Poder Judiciário Brasileiro e, de modo muito especial, com os excessos de formalismo e com a mentalidade de muitos juízes e demais operadores do Direito que atravancam o andamento dos processos trabalhistas.

CAPÍTULO I

CONFLITOS DO TRABALHO. CONCEITO. CLASSIFICAÇÃO. FORMAS DE SOLUÇÃO

1. A vida em sociedade implica, para todo ser humano, em renúncia à sua liberdade absoluta. Isto significa que, em palavras simples, a liberdade de cada um começa onde termina a liberdade de outro ser humano. Portanto, limites ao modo de vida são impostos a cada pessoa. A sociedade, do modo como se organiza, por meio do Estado, institucionaliza uma maneira de viver, que se manifesta por intermédio de um sistema jurídico ou legal.. Este sistema impõe direitos e deveres aos cidadãos, entre estes e o Estado e vice-versa. Viver em sociedade, por conseguinte, implica em obediência a um determinado padrão, em renúncia à liberdade absoluta, em respeito aos direitos alheios, em solidariedade.

2. Como o ser humano não é perfeito e como a vida social proporciona uma enorme gama de interesses individuais e coletivos, fatalmente ocorrem conflitos, brigas, desavenças, ora entre os próprios indivíduos que integram a sociedade, ora entre o Estado e o cidadão, outras vezes do cidadão contra o próprio Estado.

3. A lei estabelece os limites de comportamento dos indivíduos entre si e entre estes e o Estado.

4. Os conflitos que acontecem na sociedade são de várias naturezas, de diversos conteúdos. Às vezes, a desavença é de ordem familiar, outras de cunho patrimonial, tributário, criminal, administrativo, comercial, de consumo e assim por diante. Para os nossos fins, o que interessa são os conflitos do trabalho, ou seja, aqueles que resultam de uma relação jurídica que a lei denominou de relação de trabalho ou relação de emprego.

5. Em primeiro lugar, para que bem se compreenda o que são as relações de emprego ou de trabalho é preciso deixar bem conceituada a "relação jurídica". Relação jurídica nada mais é que o vínculo que une duas ou mais pessoas, sejam elas físicas ou jurídicas, criando direitos e deveres recíprocos. A relação jurídica nasce da manifestação de vontade das partes ou da lei. Assim, por exemplo, se duas pessoas resolvem fazer a compra e venda

de um bem qualquer, estamos diante de um contrato que estabelecerá direitos e deveres para os contratantes. O comprador terá direito de receber o objeto alienado e o dever de pagar o preço correspondente. Já o vendedor terá o direito de receber o preço e o dever de entregar a coisa vendida. Outras vezes, a obrigação resulta da própria lei, como, por exemplo, o dever de, anualmente, declarar bens e rendimentos para a Receita Federal, ou pagar a contribuição previdenciária, etc. Também o direito pode nascer da lei, como acontece com o direito à saúde, à educação, etc.

6. A relação de trabalho é aquela que tem por objeto o trabalho humano. Trabalhar é sinônimo de dispender força física ou intelectual em proveito próprio ou de outra pessoa. Desse modo, tanto um operário quanto um médico ou um advogado trabalham, já que todos gastam suas energias para satisfazer as necessidades de outrem. A relação de trabalho é o gênero do qual a relação de emprego é uma espécie.

7. Por relação de emprego se entende aquele vínculo jurídico pelo qual uma pessoa física presta serviços de natureza não eventual à outra, em regime de subordinação, mediante pagamento de salário (CLT, art. 3º). A diferença entre relação de emprego e relação de trabalho reside, principalmente, na subordinação. Em outras palavras: na relação de emprego o prestador do serviço deve obediência ao tomador do trabalho, enquanto que, na relação de trabalho, o prestador do serviço o faz com independência, com autonomia.

8. Os conflitos do trabalho, então, são aqueles que resultam de uma das relações jurídicas anteriormente mencionadas — relações de trabalho ou de emprego. Dizendo de outra maneira: conflitos do trabalho são os litígios que ocorrem entre pessoas que participam de uma relação de trabalho ou de emprego e que estão vinculadas a uma destas relações, isto é, o dissídio resulta do trabalho e não de um outro motivo. Exemplificando: se o empregado de uma loja faz um crediário no estabelecimento em que trabalha para adquirir um bem e não paga a prestação devida, o crédito do seu empregador é de natureza civil e eventual litígio quanto a tal crédito é de ordem comum e não trabalhista. Se o cliente não paga os honorários do médico ou do advogado, o crédito é de natureza civil. É importante definir a natureza do conflito porque é em função disso que se vai estabelecer, na lei, a competência dos órgãos do Poder Judiciário que irão dirimí-lo.

9. Os conflitos do trabalho podem ser de dois tipos: individuais ou coletivos. O que distingue um do outro é o interesse neles subjacente.

10. Conflitos individuais são aqueles em que o interesse afrontado ou presumidamente atingido é um interesse pessoal, particular. Assim, se o patrão não proporciona as férias a um empregado, o litígio daí resultante é individual, porquanto nele só tem interesse imediato o trabalhador prejudicado. Os conflitos individuais podem ser singulares ou plúrimos. Se diz que o dissídio é singular quando o interesse atingido é de um único trabalhador

ou empregador: se o interesse afrontado for igual, da mesma natureza, mas o número de trabalhadores atingidos for superior a um se pode dizer que o conflito é individual, porém, plúrimo, porque há uma multiplicidade de trabalhadores atingidos em suas pretensões. Por exemplo: se o empregador não realiza os depósitos do FGTS de 10 (dez) empregados, estes poderão, em conjunto, por meio de um litisconsórcio ativo, promover a cobrança dos seus créditos.

11. Conflitos coletivos são aqueles que dizem respeito a um grupo de trabalhadores ou empregadores. Nesse caso, o interesse subjacente é o interesse do grupo e não o interesse de cada um dos seus integrantes. Se uma categoria profissional pretende reivindicar de uma empresa ou de uma categoria econômica um reajuste salarial, o que irá definir qual o percentual de aumento a ser discutido é a vontade da maioria de grupo de modo que os interesses pessoais sucumbirão perante o interesse daquela comunidade. Se a maioria resolver que o pedido de aumento será da ordem de 5% (cinco por cento), a minoria terá que se conformar com a decisão, ainda que, dentro dessa minoria, alguns pretendessem reajuste superior e outros inferior ou nenhum reajuste.

12. É relevante distinguir os conflitos individuais dos coletivos porque, em função do tipo de confronto, é que a lei estabelecerá, também, a competência dos diversos órgãos que integram o Judiciário Trabalhista de nosso país.

13. A solução dos conflitos do trabalho pode ser feita de vários modos.

14. Em alguns casos o dissídio é resolvido pela próprias partes nele envolvidas. E isto se dá de duas maneiras: ou as partes transacionam, isto é, cada uma cede um pouco em suas pretensões e chegam a um acordo, a um consenso acerca do objeto do conflito ou, então, uma das partes impõe à outra, pela força, a sua vontade. Neste último caso, estamos diante da "greve" ou do *look-out*. "Greve" nada mais é que a paralisação do trabalho pelos empregados com a finalidade de obrigar o empregador a aceitar determinadas reivindicações ou condições de labor. *Look-out* é o contrário — os empregadores é que cessam a produção, paralisam a atividade da ou das empresas para coagir os trabalhadores a aceitarem certas condições de trabalho. A greve, no Brasil de hoje, é um direito dos trabalhadores (Constituição Federal, art. 9º). O *look-out* é proibido pela lei brasileira.

15. Outras vezes o dissídio é resolvido com intervenção de uma terceira pessoa estranha ao litígio. Encontramos, assim, pelo menos três modos de solucionar o conflito: a mediação, a arbitragem e a jurisdição.

16. Ocorre a mediação quando as partes envolvidas no conflito escolhem ou aceitam de comum acordo uma terceira pessoa ou órgão que se encarregará de aproximá-las, de propor um meio adequado de compor o litígio. Esta terceira pessoa ou órgão é o mediador. Como diz a própria palavra, o mediador apenas tenta conciliar os litigantes. Não há, nesta hipótese, obri-

gação das partes de aceitarem qualquer das sugestões feitas pelo mediador. Este é um instrumento heterodoxo de solução dos conflitos sociais, inclusive os trabalhistas, já previsto em lei (Lei n. 9.958/2000). A própria Constituição Federal preconiza, para alguns casos, a mesma forma de solução dos litígios (art. 11).

17. A arbitragem consiste na escolha pelas partes de um árbitro, de um "juiz", a quem confiam a solução do litígio, comprometendo-se a acatar o laudo arbitral. Como se vê, na arbitragem, as partes devem, por força do contrato, acolher a decisão do árbitro.

18. A jurisdição nada mais é que o poder/dever do Estado de, por meio do Judiciário, resolver os conflitos sociais de qualquer natureza (CF, art. 5º, XXXV). Jurisdição é sinônimo de dizer o direito. Cabe ao Judiciário resolver, na forma da lei, quaisquer dissídios ocorridos no território brasileiro, envolvam eles os cidadãos do país ou, até mesmo, estrangeiros. Para exercer a jurisdição, o Estado conta com um poder especial, que se organiza de acordo com as regras constitucionais e com as leis que tratam do assunto. Dentro do Poder Judiciário, para resolver os conflitos de natureza trabalhista, foi criada a Justiça do Trabalho.

19. Ao mesmo tempo em que a Constituição Federal obriga o Estado a intervir na solução dos conflitos sociais, assegura aos cidadãos de um modo geral o direito de buscar no Poder Judiciário a palavra final sobre as suas pretensões — direito de ação — conforme preceitua o inciso XXXV, do art. 5º.

20. Cabe à Justiça do Trabalho, por conseguinte, como se analisará mais adiante, a incumbência de resolver os conflitos trabalhistas, individuais ou coletivos.

CAPÍTULO II

PRINCÍPIOS ORIENTADORES DO PROCESSO EM GERAL E DO PROCESSO DO TRABALHO EM PARTICULAR

21. Por princípios se entende que sejam as causas primárias, os rudimentos, os preceitos básicos sobre os quais se assenta um ramo qualquer do conhecimento. Desse modo pode-se falar sobre os princípios da Física, da Biologia, da Química e, até mesmo do Direito. Estes preceitos fundamentais têm como característica o fato de serem universalmente aceitos. Quando se trata de ciências exatas os princípios são imutáveis (a gravidade, por exemplo, na Física). Já em se tratando de ciências sociais é preciso observar o tempo e o lugar em que a ciência está colocada. É preciso ver os princípios de tais ciências dentro dos contextos social, cultural e até mesmo econômico em que estão inseridos. Em certa época eram princípios de Direito a divindade do soberano, a possibilidade de escravidão de seres humanos. Hoje, pelo menos no mundo ocidental, estes princípios foram substituídos por outros, de caráter menos radical, de cunho mais socializante, de forma mais liberal.

22. O Direito tem, assim, princípios sobre os quais se assenta, que formam o seu arcabouço básico, sendo, por conseguinte, possível falar do princípio de proteção à vida, à integridade física e à honra das pessoas, ao patrimônio, ao trabalho digno, etc.

23. O Direito Processual tem os seus princípios, assim como outros ramos do Direito têm os seus. Por exemplo: o contraditório é um preceito básico a qualquer ramo do Direito Processual, seja o Civil, o Penal, o Administrativo, o Tributário, o Trabalhista. Em outras palavras: sempre é necessário que se assegure o direito à ampla defesa. Também é princípio do processo em geral o denominado "inquisitório", isto é, para formar o seu convencimento o juiz pode tomar todas as medidas necessárias que entenda pertinentes; igualmente informa o processo em geral o princípio do duplo grau de jurisdição, que confere aos litigantes o direito de recorrer das decisões prolatadas pelo juiz ou Tribunal; o princípio da lealdade e da boa-fé.

24. O Direito Processual do Trabalho, a par de utilizar praticamente todos os princípios do processo em geral, ainda tem seus próprios fundamentos, seus preceitos básicos, muitos dos quais, que nasceram na órbita

processual trabalhista, vêm, aos poucos, sendo absorvidos por outros ramos da processualística. Cite-se, como exemplo, o princípio da conciliação, regra fundamental do processo do trabalho que, hoje, foi incorporada pelo processo civil e até mesmo pelo processo penal. Observado o princípio da conciliação, o juiz, antes de proferir decisão que ponha fim ao litígio, deve propor a transação, o acordo, às partes.

25. Dentre os princípios do Direito Processual do Trabalho, alguns merecem uma atenção especial, porquanto assumem tal relevância que fazem com que o processo trabalhista se diferencie dos demais ramos do Direito Processual: o *jus postulandi*, a conciliação, a gratuidade, a inversão do ônus da prova, a instrumentalidade das formas, a concentração e celeridade processual são, talvez, os mais significativos, os que merecem destaque.

26. O princípio do *jus postulandi* está previsto no art. 839 da CLT, e consiste na possibilidade que têm as partes de acompanhar suas reclamatórias, pessoalmente, até o final. Sintetizando: de acordo com este princípio, os próprios litigantes, independentemente da intervenção de advogado, podem defender pessoalmente os seus interesses em juízo. Assim o próprio empregado ou empregador podem comparecer a juízo e praticar todos os atos necessários ao andamento do feito. O acompanhamento do processo pela própria parte, embora pouco frequente nos dias de hoje, segundo parte da doutrina e da jurisprudência só pode ocorrer a nível de primeiro grau de jurisdição; após, em qualquer instância recursal seria necessária a intervenção de um operador do direito. Outros entendem que, quando a CLT refere "ATÉ O FINAL" isto significaria dizer que as partes podem defender pessoalmente os seus interesses em qualquer grau de jurisdição da Justiça do Trabalho, seja no primeiro grau, seja nos Tribunais, apresentando todos os recursos cabíveis; só não poderiam fazê-lo em instância extraordinária, ou seja, intentar recurso extraordinário para o Supremo Tribunal Federal, porque estaria, no caso, esgotada a jurisdição na Justiça do Trabalho. Outros dizem , ainda, que o acompanhamento pessoal do processo pelas partes só pode acontecer nas instâncias ordinárias, isto é, no primeiro grau de jurisdição e no Tribunal que aprecie o recurso cabível contra a decisão inicial. As partes não poderiam acompanhar os processos sem a intervenção de advogado no Tribunal Superior do Trabalho porque as matérias que podem ser versadas nos recursos de Revista e de Embargos são de interpretação legal e constitucional e de divergência jurisprudencial, o que constituiria questões técnicas, de difícil ou impossível compreensão por leigos em questões jurídicas.

27. Todos os princípios anteriormente mencionados fazem parte de um preceito maior, que é a simplicidade e a celeridade do processo do trabalho. Como, na mais das vezes, as verbas pleiteadas perante o juízo trabalhista têm natureza alimentar para o trabalhador, é preciso que o processo seja célere, rápido, informal, de modo que, com a presteza possível, resguardada

sempre a segurança do processo, o trabalhador tenha o seu direito satisfeito, não só na fase de conhecimento como, também, na de execução.

28. Como decorrência do *jus postulandi*, abre-se um novo princípio, que está colado ao da concentração, e que se intitula oralidade, ou seja, os atos processuais, inclusive petição inicial, defesa e sentença, podem ser ofertados oralmente (CLT, art. 840, § 2º, art. 851 e seus §§).

29. A concentração nada mais é que a prática de todos os atos em uma única audiência. Nela o reclamado apresenta defesa, o juiz propõe a conciliação, são apresentadas as provas e a decisão é proferida. A concentração é inerente a todos os procedimentos estabelecidos em lei, inclusive o ordinário, e não apenas para o sumaríssimo e sumário (CLT, art. 849, art. 852-C, e Lei n. 5.584/70). A audiência no processo do trabalho, em qualquer rito, pois, é sempre una, só podendo ser fracionada se houver algum motivo relevante como, por exemplo, a necessidade de realização de alguma perícia, a doença que possa impedir o empregado, o empregador, o preposto da empresa ou alguma testemunha de a ela comparecer, ou aguardar alguma providência que impeçam o juiz ou as partes de darem seguimento normal ao processo.

30. É da índole do processo do trabalho a conciliação, tanto assim que originariamente os órgãos de 1º grau da Justiça do Trabalho tinham o nome de Juntas de Conciliação e Julgamento. A conciliação talvez seja o princípio mais característico do processo do trabalho (CLT, art. 764). Nasceu com ele e, nos dias de hoje, está impregnando outros ramos do direito processual. A conciliação nada mais é que a transação que as partes realizam para pôr fim ao litígio. O juiz, neste caso, age como mediador estando, até mesmo, obrigado a proceder dessa maneira, porquanto em dois momentos é obrigado a instar as partes a transacionarem as pretensões objeto do conflito. A primeira proposta conciliatória deve ser apresentada antes de oferecida a defesa (CLT, art. 846) e a segunda depois de encerrada a instrução, antes de as partes ofertarem suas razões finais (CLT, art. 850). A par dessas oportunidades, a conciliação poderá ser realizada a qualquer tempo, conforme preceitua o art. 764, § 3º, da CLT. Alguns autores e Tribunais chegam a dizer, inclusive, que a conciliação pode ser feita até mesmo depois de transitada em julgado a sentença. A conciliação realizada perante o juiz e por ele homologada vale como sentença com trânsito em julgado (CLT, art. 831, parágrafo único), constituindo-se, assim, em título executivo judicial. O juiz só não homologará o acordo estabelecido entre as partes se verificar algum dos vícios de consentimento que podem anular qualquer ato jurídico (erro, dolo, coação, simulação, fraude). Ainda que o magistrado verifique que a conciliação pode ser prejudicial a uma das partes, não pode impedi-la. Todavia, deverá alertar a parte eventualmente prejudicada do dano que possa suportar.

31. A instrumentalidade das formas é igualmente um pilar sobre o qual se assenta o processo trabalhista. A lei estabelece formas para que os atos

processuais sejam praticados. Entretanto, a preocupação maior é com o objetivo do ato, de tal maneira que, ainda que a forma seja arranhada, se o objetivo foi alcançado não há qualquer nulidade a ser pronunciada (CLT, art. 794). Assim por exemplo, se a notificação para a audiência, que a lei determina seja realizada por via postal, for realizada por intermédio do oficial de justiça, ou se alguma pergunta dirigida à testemunha for indeferida e não houver manifestação imediata da parte interessada, o ato passa a ser válido, não podendo ser desconstituído posteriormente (CLT, art. 795), porquanto operada a preclusão, isto é, o interessado perde o direito de arguir a nulidade porque não o fez no momento oportuno.

32. A inversão do ônus da prova é outra peculiaridade do processo do trabalho. Por inversão do ônus probatório entende-se as exceções à regra geral de que quem deve provar é aquele que faz a alegação. Todavia, no Direito do Trabalho, em inúmeros casos, a lei determina a inversão desse encargo, transferindo, especialmente para o empregador, porque é ele quem detém o poder de gestão e direção da empresa, a obrigação de comprovar o cumprimento dos direitos trabalhistas de seus empregados. Desse modo, se o empregado alega que não recebeu o salário, não é ele quem tem que provar a sua alegação; o patrão é quem deve, apresentando o recibo, demonstrar o pagamento do salário. Se o empregado alega que prorrogou a jornada de trabalho e a empresa possui mais de 10 empregados, o empregador é quem tem que, com a apresentação dos controles de ponto, demonstrar as jornadas desenvolvidas pelo empregado. O trabalhador só terá de comprovar os horários trabalhados se a empresa, com menos de 10 empregados, não mantinha controle de jornada, ou, ainda, se impugnou os registros de ponto mantidos pelo empregador sob o argumento de que não reproduziam as jornadas desenvolvidas. As hipóteses de inversão do ônus probatório são encontradas nas normas que tratam do Direito Material do Trabalho.

33. A gratuidade do processo para o trabalhador decorre do princípio básico que orienta o Direito Material do Trabalho — a tutela, a proteção do hipossuficiente. Por isso, de regra, o processo do trabalho é gratuito para o prestador de serviços, eis que este é a parte economicamente mais fraca na relação de trabalho ou de emprego. É preciso, no processo trabalhista, distinguir a gratuidade judiciária da assistência judiciária, este último instituto criado no processo civil. Em termos de processo do trabalho, gratuidade judiciária é sinônimo de isenção de pagamento de despesas de qualquer natureza com o desenvolvimento do processo. Portanto, o empregado pode beneficiar-se do instituto com base na Lei n. 1.060/50, ficando dispensado de pagar custas, emolumentos, honorários de qualquer natureza e outras despesas necessárias ao perfeito andamento do feito. Já a assistência judiciária, nos termos da Lei n. 5.584/70, é instituto que visa a proporcionar ao trabalhador hipossuficiente a assistência de advogado. Diz a CLT (art. 514, *b*) que os sindicatos devem disponibilizar serviços de assistência judi-

ciária para os integrantes da categoria. A Lei n. 5.584/70, por sua vez, em seu art. 14, determina que os sindicatos prestem assistência judiciária aos que percebem salário inferior ao dobro do mínimo legal ou que, ganhando mais que esta importância, comprovem a sua condição de miserabilidade. A prova da situação econômico-financeira do trabalhador poderá ser feita, nos termos da Lei n. 7.115/83, por meio de declaração assinada pelo próprio trabalhador ou, de acordo com a Lei n. 7.510/86, na própria petição inicial, firmada pelo advogado do empregado, desde que tenha recebido poderes específicos para tanto. De acordo com a orientação da Súmula 219 do TST os honorários sucumbenciais, fixados em não mais do que 15% do valor da condenação, revertem para o sindicato. Assim, para que o trabalhador seja beneficiado pela assistência judiciária é indispensável que o seu advogado esteja credenciado pelo sindicato da categoria profissional. Em hipótese alguma a lei processual trabalhista prevê o benefício da assistência judiciária para o empregador. Há quem diga que tais dispositivos foram revogados pela Constituição de 1988. O certo é que, até o momento, não há jurisprudência pacificada nesse sentido. Muito pelo contrário: o TST mantém as Súmulas 219 e 329.

CAPÍTULO III

JURISDIÇÃO ESPECIAL DO TRABALHO. ORGANIZAÇÃO DA JUSTIÇA DO TRABALHO. COMPETÊNCIAS MATERIAL, TERRITORIAL E PESSOAL

34. Para iniciar um estudo da competência da Justiça do Trabalho (JT) é imprescindível examinar a estrutura da Justiça do Trabalho. Entre nós, o Judiciário Trabalhista é composto por três órgãos: o Tribunal Superior do Trabalho TST, os Tribunais Regionais do Trabalho (TRT) e as Varas Trabalhistas. Excepcionalmente, em localidades que não são jurisdicionadas por Varas do Trabalho, a lei confere competência aos juízes estaduais para resolver as lides trabalhistas.

35. O Tribunal Superior do Trabalho é o órgão de cúpula da Justiça do Trabalho. Tem sede em Brasília, DF, e é composto por 27 (vinte e sete) ministros, escolhidos entre juízes de carreira, representantes dos advogados e do Ministério Público do Trabalho. Todos os ministros têm as garantias dos magistrados — vitaliciedade, inamovibilidade e irredutibilidade de vencimentos.

36. Os Tribunais Regionais do Trabalho, de acordo com a Constituição Federal, devem existir pelo menos um em cada Estado da Federação. Atualmente, com exceção do Estado de São Paulo, que tem dois Tribunais, um com sede em Campinas e outro com sede na capital, cada Estado, na respectiva capital, sedía um TRT, com exceção de Roraima e Amapá, por enquanto. Como no TST, os TRTs são compostos por juízes de carreira e por representantes dos advogados e do Ministério Público do Trabalho (MPT), usufruindo todos das garantias inerentes ao cargo de magistrado.

37. As Varas do Trabalho são os órgãos de primeira instância da Justiça do Trabalho e são criadas por lei federal, que fixa a respectiva competência territorial, a qual muitas vezes abrange mais de um município. As Varas são presididas por um juiz togado, que inicia a carreira como juiz substituto, depois de aprovado em concurso público. Os juízes de 1º grau, igualmente, depois de cumprido o estágio probatório, beneficiam-se das garantias de qualquer outro magistrado.

38. A competência material da Justiça do Trabalho está estabelecida no art. 114 da Constituição Federal.

39. Inicia a Carta Magna por dizer que a jurisdição da Justiça do Trabalho será exercida para resolver litígios entre trabalhadores e empregadores, sejam estes de direito público interno ou externo. Está, portanto, no âmbito de atuação da Justiça do Trabalho a relação de trabalho, ou seja, o vínculo jurídico pelo qual uma pessoa física presta serviços a outra, mediante pagamento de um determinado valor. Entretanto, não são todos os conflitos decorrentes das relações de trabalho que podem ser apreciados pela Justiça Especializada. Em ação direta de inconstitucionalidade (ADIN) de n. 3.395-6, o STF decidiu, por exemplo, que os dissídios decorrentes de relação de ordem estatutária não se submetem ao crivo da JT. O mesmo aconteceu na ADIN 3.684-0, em que o Pretório Excelso entendeu que a matéria de natureza penal não pode ser decidida pela Justiça do Trabalho. Seguindo a mesma linha de raciocínio, pode-se afirmar, com segurança, que na relação de trabalho de natureza civil ou comercial, salvo expressa disposição legal em contrário, também os dissídios delas resultantes não poderão ser dirimidos pela Justiça Trabalhista. Assim, por exemplo, se o paciente não remunera os serviços do seu médico, a cobrança dos honorários correspondentes deverá ser realizada na Justiça Estadual. Citando como exemplo em que a relação é de trabalho mas, por expressa disposição de lei, a competência para solucionar as lides delas advindas é da JT, temos o caso do "pequeno empreiteiro" (CLT, art. 652, III) e o do trabalhador temporário (Lei n. 6.019/74). É de bom tom esclarecer o que seja "pequeno empreiteiro". O contrato de empreitada é um contrato de natureza civil, por meio do qual uma pessoa física ou jurídica obriga-se a, mediante o pagamento de certo preço, construir uma obra para terceiro (o dono da obra), concorrendo para a realização da avença apenas com a mão de obra ou com esta e os materiais necessários. A denominada "pequena empreitada" caracteriza-se quando o empreiteiro é um operário ou artífice e trabalha pessoalmente na construção da obra. Assim, o preço da empreitada para este trabalhador tem o mesmo significado que o salário tem para o empregado, ou seja, é com ele que sobrevive e mantém a si e a sua família. O "pequeno empreiteiro" trabalha com autonomia, com independência, submetendo-se, tão-somente, às obrigações contraídas por força do contrato de empreitada. Portanto, ainda que a lei reconheça que o contrato é de natureza civil, a competência para solucionar os conflitos decorrentes da execução do contrato foi entregue à JT. Já o trabalhador temporário, que só não é empregado porque a lei assim não o denominou, tem praticamente os mesmos direitos do empregado. Trabalhador Temporário é aquele que presta serviços para uma empresa de trabalho temporário. Esta empresa fornece mão de obra para as chamadas empresas clientes quando estas necessitam substituir o seu pessoal regular ou quando há demanda excepcional de serviços, tudo de acordo com as prescrições da Lei n. 6.019/74. Desse modo,

dada a semelhança entre trabalhador temporário e empregado, a Justiça do Trabalho é quem resolverá os conflitos entre o trabalhador e a empresa de trabalho temporário ou a empresa cliente. Já as eventuais demandas entre as empresas de trabalho temporário e empresa cliente, por serem de natureza civil ou comercial, serão solucionadas pela Justiça dos Estados.

40. Dentre as relações de trabalho a que mais se sobressai e que inegavelmente tem seus dissídios resolvidos pela Justiça do Trabalho é a relação de emprego, isto é, aquela na qual uma pessoa física presta serviços de natureza não eventual a empregador, em regime de subordinação e mediante o pagamento de salário. Aí, como diz a CF, não importa quem é o empregador. O tomador dos serviços de um empregado tanto pode ser uma pessoa física quanto uma pessoa jurídica, seja esta de direito público interno ou de direito público externo. A União, os Estados-membros, os Municípios e suas respectivas autarquias e fundações, se admitirem pessoal pelo regime contratual, sujeitam-se, como qualquer um, a cumprir a legislação trabalhista brasileira. Do mesmo modo, os entes de direito público externo, sejam Estados estrangeiros ou organismos internacionais, se contratarem, no Brasil, trabalhadores para servi-los, submetem-se ao regime celetista. Assim, se um consulado, uma embaixada, ou um órgão internacional contrata em nosso país uma faxineira, um porteiro, uma secretária, etc. deverá observar a legislação trabalhista brasileira e, se litígio houver entre o trabalhador e o ente estrangeiro, a Justiça do Trabalho é quem tem competência para resolvê-lo. Já é diferente a relação entre o país estrangeiro ou órgão internacional e os seus representantes. O cônsul, o adido, o embaixador, etc., que representam país ou órgão internacional em nossa pátria não estão sujeitos à legislação brasileira no que diz respeito à sua relação de trabalho. Por conseguinte, respeitada a soberania dos entes internacionais, a Justiça Brasileira não tem competência para dirimir qualquer espécie de conflito que ocorra entre eles.

41. No inciso II, do art. 114 da CF, é atribuída à Justiça do Trabalho a competência para resolver os conflitos decorrentes do exercício do direito de greve. E nem poderia ser de outra forma. O direito de greve é assegurado aos trabalhadores no art. 9º da Carta Magna. É, portanto, um direito trabalhista, de modo que a competência para dirimir as questões daí decorrentes só poderia ser da Justiça do Trabalho. Convém ressalvar, entretanto, que o direito de greve é assegurado a todos os trabalhadores, não apenas aos empregados. Assim, os trabalhadores que têm suas relações reguladas por legislação de natureza não trabalhista, a Justiça do Trabalho não terá competência para dirimir questões relativas à greve dessas categorias. Por exemplo: Se professores estatutários federais, estaduais, ou municipais, deflagram um movimento paredista, as eventuais desavenças resultantes do exercício do direito de greve serão solucionadas ou pela Justiça Federal ou pela Justiça Estadual.

42. Os problemas acerca da representação sindical, em que há dissídio entre sindicatos e entre estes e os trabalhadores ou empregadores, naturalmente devem ser resolvidos pela Justiça do Trabalho, conforme dispõe o inciso III, do art. 114, da Constituição. Trata-se de matéria de direito sindical, regulada na CLT, tendo, em consequência, natureza trabalhista.

43. A jurisdição da Justiça do Trabalho atinge também as ações de mandado de segurança, *habeas corpus* e *habeas data* quando a matéria for de natureza trabalhista. O mandado de segurança caberá quando ato de autoridade administrativa impuser penalidades a empregados, empregadores ou suas entidades sindicais. Assim, por exemplo, se a fiscalização do Ministério do Trabalho impõe alguma sanção ao empregador, poderá este, sem prejuízo dos instrumentos administrativos de defesa, interpor mandado de segurança, quando houver direito líquido e certo que tenha sido afrontado.. O *habeas corpus* será medida a ser apresentada perante a Justiça do Trabalho quando o direito de ir e vir do empregado ou do empregador seja ameaçado ou já afrontado em virtude de ato praticado por autoridade ligada à área trabalhista e em função do contrato de trabalho. É o que ocorre, com certa frequência, com os chamados "depositários infiéis", ou seja, aqueles que mantêm sob sua guarda, por ordem do juiz do trabalho, determinado bem que foi constrito para preservar ou garantir direito trabalhista e, no momento de entregá-lo ao Poder Judiciário, não o fazem por alguma razão. Quanto ao *habeas data*, regulado na Lei n. 9.508/97, é medida que visa resguardar o direito das pessoas de ver seus dados pessoais corretamente informados por bancos ou entidades que contenham registros sobre os indivíduos. Tais bancos, quando lícitos, podem prestar informações a terceiros sobre as pessoas ali cadastradas e o próprio interessado pode obter certidão ou atestado contendo os dados lançados em seu cadastro. A recusa ou a divulgação equivocada de dados enseja o direito de propor a ação de *habeas data*. Na área trabalhista é relativamente comum a existência de bancos de dados irregulares e sigilosos, muitas vezes mantidos por empregadores, nos quais são cadastrados trabalhadores que, por exemplo, demandam seus patrões na Justiça do Trabalho. Em tais hipóteses, tem a Justiça do Trabalho competência para julgar ação que vise a extinguir o banco de dados e/ou indenizar o prejudicado pelas informações fornecidas.

44. Depois de longas discussões doutrinárias e jurisprudenciais, a Carta de 1988 terminou por, no inciso VI, do art. 114, declarar a competência da Justiça do Trabalho para conciliar e julgar ações que versem sobre danos morais ou patrimoniais decorrentes da relação de trabalho. Saliente-se que a Magna Carta, com a redação que lhe deu a Emenda Constitucional n. 45, atribuiu a competência da Justiça do Trabalho para resolver questões sobre danos morais ou patrimoniais resultantes de relação de trabalho e não apenas de relação de emprego. Assim, como já salientado anteriormente, podem ser sujeitos ativos da ação não apenas os empregados mas, também, aque-

les que a ele se assemelham. Nestes casos, em que pese a matéria seja de natureza civil, a Justiça do Trabalho resolverá o conflito aplicando a lei civil. É o que acontece, por exemplo, nas ações de indenização por acidente do trabalho. Naquelas em que a intimidade do trabalhador é violada, nas que dizem respeito à integridade física, quer do patrão, quer do empregado, que tenham origem em ato praticado por um ou outro em função do trabalho. Nas ações que versem sobre indenização por danos decorrentes de acidente do trabalho, a responsabilidade do empregador resulta do dolo ou da culpa no infortúnio, e o trabalhador terá direito à indenização, independentemente de receber benefício previdenciário. O órgão previdenciário, neste caso, tem responsabilidade objetiva, enquanto que a responsabilidade do empregador ou tomador dos serviços é subjetiva. Em outras palavras: se o empregador não concorreu por qualquer modo para a ocorrência do acidente, o trabalhador terá direito ao benefício previdenciário mas não receberá do patrão qualquer indenização.

45. Conforme dispõe o inciso VII, do art. 114 da Constituição, incumbe à Justiça do Trabalho resolver as questões relativas às penalidades impostas a empregadores pelo órgão de fiscalização do Ministério do Trabalho. Em consequência, a Justiça Trabalhista tanto pode ser órgão de execução de título inerente a débito resultante de multas administrativas quanto pode funcionar como juízo a que pode recorrer o penalizado para desconstituir a sanção que lhe foi imposta.

46. Acrescentado pela Emenda n. 45, o inciso VIII, do art. 114, conferiu à Justiça do Trabalho a competência para executar, de ofício, as contribuições sociais incidentes sobre parcelas de natureza remuneratória resultantes de sentenças ou de acordos estabelecidos em processos trabalhistas. As contribuições para o INSS que incidem sobre os direitos trabalhistas de natureza remuneratória, deverão ser cobradas pelo juízo da execução trabalhista, sendo descontado dos créditos do reclamante o que é por ele devido e cobrado do empregador a contribuição que lhe é de responsabilidade. Nesta hipótese o juiz da execução é pessoalmente responsável pela cobrança, conforme determina a legislação previdenciária. Também deverá o juiz da execução, nos autos do processo, descontar do trabalhador o imposto de renda retido na fonte que porventura incida sobre as parcelas deferidas na sentença ou que forem objeto de transação. De salientar que, em caso de conciliação, deverão os litigantes discriminar os valores e as parcelas objeto da transação, sob pena de as contribuições previdenciárias e fiscais incidirem sobre o total transacionado.

47. Ainda tem a Justiça do Trabalho a chamada "competência normativa", inscrita no § 2º, do art. 114, da Constituição. A competência normativa, que é exercida exclusivamente pelos Tribunais Trabalhistas, em processos de dissídio coletivo, consiste na possibilidade de o Judiciário criar, modificar ou extinguir direitos, respeitadas as disposições mínimas de proteção

ao trabalho. Desse modo, o Judiciário Trabalhista brasileiro funciona como um verdadeiro tribunal arbitral nos conflitos coletivos, sendo-lhe facultado estabelecer as normas que regularão as relações de trabalho entre duas categorias — profissional e econômica — envolvidas no dissídio coletivo. No exercício do poder normativo a Justiça do Trabalho atua como um verdadeiro órgão legislador entre as partes dissidentes e os limites do poder de regramento estão adstritos ao respeito às disposições mínimas de proteção ao trabalho. É por isso que os Tribunais Trabalhistas, por exemplo, fixam um certo índice de reajuste salarial para uma categoria e outro índice para categoria profissional diversa. Ainda exemplificando: às vezes os Tribunais criam um adicional por tempo de serviço, uma dilação do número de dias de aviso prévio, uma garantia precária de emprego, etc. A Constituição de 1988 confere a competência normativa apenas para resolver conflitos coletivos de natureza econômica. Assim, parece que depois da Carta de 1988, não tem mais a JT competência normativa para resolver conflitos coletivos de natureza jurídica, isto é, aqueles em que a controvérsia coletiva versa sobre a interpretação de norma pré-existente.

48. Na hipótese de greve em serviços essenciais, assim definidas na Lei n. 7.783/89 (tratamento e abastecimento de água, assistência médica e hospitalar, transporte coletivo, etc.) o Ministério Público do Trabalho poderá ajuizar ação coletiva, devendo os Tribunais Trabalhistas decidir sobre a legalidade ou não do movimento paredista, bem como resolver o conflito editando as regras que normatizarão as relações entre categoria profissional e econômica, ou entre categoria profissional e empresa ou empresas individualmente consideradas.

49. A competência territorial dos órgãos da Justiça do Trabalho é fixada, em geral, pela localidade onde o empregado ou prestador de serviços desenvolve a sua atividade, figure ele na ação como autor (reclamante) ou como réu (reclamado). Não importa se o empregado foi contratado em outro local ou no estrangeiro. O que interessa é que o contrato de trabalho tenha sido executado no Brasil. Assim, se o empregado, ainda que brasileiro, foi contratado por outro brasileiro, porém em país estrangeiro e o contrato tenha sido cumprido no exterior, sobre tal contrato não incide a legislação brasileira e nem a Justiça do Trabalho de nosso país terá competência para resolver eventual litígio entre os contratantes. Suponhamos que X, trabalhador brasileiro, tenha sido contratado por Y, empresário brasileiro, no Uruguai, onde a empresa de Y tem sede e desenvolve as suas atividades. Neste caso, o contrato observará a legislação cisplatina e, na hipótese de confronto entre os contratantes, a Justiça uruguaia é quem resolverá a pendência. No que diz respeito à competência territorial, a regra básica a ser observada é a do *jus loci operandi*, ou seja, a Justiça do local da prestação dos serviços é quem decidirá a questão. Diferente é a hipótese em que o trabalhador brasileiro é contratado no Brasil, por empresa brasileira ou até mesmo estrangeira, que

aqui tenha sede ou filial, mas que vai prestar serviços além das nossas fronteiras. Aí, o trabalhador poderá resolver as questões pertinentes à execução do seu contrato de trabalho tanto no Brasil (foro da celebração do contrato) quanto na nação em que o trabalho tiver sido prestado, podendo pleitear, inclusive, não só a aplicação da legislação brasileira como a do país estrangeiro, se esta for mais benéfica. Isto é o que se depreende do disposto no art. 9º da Lei de Introdução ao Código Civil, combinado com o *caput* do art. 651 da CLT e com o *caput* do art., 7º da CF (parte final).

50. No § 1º, do art. 651, a CLT, excepcionando a norma do *caput* trata da hipótese do empregado ser agente ou viajante. A empresa, por outro lado, tem ponto fixo de exercício de suas atividades. O caso é o seguinte: o empregado trabalha deslocando-se de uma cidade para outra, cidades estas que são jurisdicionadas por Varas diferentes. Deste modo, estabelece a regra que a competência será definida em função do local em que o empregado preste contas do seu trabalho. Se a prestação de contas for realizada em uma agência ou filial a que está subordinado o trabalhador, a competência será da Vara Trabalhista desta localidade. Se assim não for, o empregado poderá propor ação perante a Vara do Trabalho da localidade em que tenha o seu domicílio ou na cidade mais próxima, se não existir órgão da JT na localidade em que estiver domiciliado o trabalhador.

51. O § 2º do mesmo art. 651 trata daqueles casos em que o trabalhador brasileiro é admitido para trabalhar em agência ou filial localizada em país estrangeiro. Aqui valem os princípios anteriormente referidos, salvo se houver convenção ou tratado internacional dispondo em contrário.

52. Por último, no § 3º, o art. 651 refere-se a questões relativas a empregadores que desempenham suas atividades fora do local da contratação, ou seja trata daquelas empresas que são chamadas de itinerantes, porquanto deslocam-se para desenvolver os seus negócios. Como exemplos mais simples pode-se mencionar os circos e companhias teatrais. O empresário circense ou teatral contrata artistas em uma capital do país e a empresa, com todo o seu séquito, passa a viajar, apresentando-se em inúmeras localidades. Havendo litígio entre os trabalhadores e o empresário, poderá o trabalhador optar por mover a ação no foro da celebração do contrato ou em qualquer das localidades em que tenha prestado seus serviços. Para ilustrar, conto uma história verídica e engraçada: em certa ocasião, o domador do elefante de um circo, estando em litígio com o empregador, apresentou ação cautelar de arresto do paquiderme, o que foi deferido pelo juiz do trabalho da localidade em que o circo estava instalado. Realizado o arresto, o domador foi nomeado depositário, e o circo deslocou-se para outra cidade, permanecendo o domador e o elefante na localidade onde fora ajuizada a ação. Pelo que recordo do caso, o animal confinado necessita de cuidados especiais. Como o domador (que era o depositário) não tinha condições de tratar o elefante e como a Justiça do Trabalho não tinha o dever de assisti-lo, o reclamante promoveu campanha pela imprensa para que a população con-

tribuísse para conseguir os meios necessários à manutenção do bem arrestado; até mesmo a Faculdade de Veterinária da cidade prestou atendimento ao animal. Depois de uns 8 dias, as partes fizeram um acordo, e o elefante foi entregue ao dono do circo.

53. Enquanto a competência material e a pessoal são absolutas, isto é, não se prorrogam, a competência territorial é relativa podendo ser prorrogada, a teor do que preceitua o art. 114 do CPC. Aliás, frise-se que o Direito Processual Civil é fonte subsidiária do processo trabalhista em tudo aquilo que este for omisso, observados, sempre, os princípios que norteiam o processo do trabalho (CLT, art. 769). Por conseguinte, já que a prorrogação da competência territorial só pode favorecer o trabalhador, a norma do art. 799 da CLT, quanto a este aspecto, tem sido interpretada restritivamente. Exemplificando: se um trabalhador foi contratado e trabalhou no Rio de Janeiro e, posteriormente, propõe ação contra o ex-empregador em São Paulo e o demandado não argui exceção de incompetência em razão do lugar, pode o Juiz do Trabalho de São Paulo considerar-se competente para apreciar a ação. O que não é admissível no processo do trabalho é o foro de eleição, isto é, aquele fixado pela via contratual, isto porque, se assim fosse, o empregador, sendo a parte mais forte no momento da celebração do contrato, poderia incluir cláusula que inviabilizasse o direito do empregado de mover ação trabalhista. Por exemplo: se o e empregado é contratado e trabalha no Rio Grande do Sul, não pode o empregador, ao contratá-lo, estabelecer cláusula elegendo o foro do Estado do Amazonas para dirimir as controvérsias oriundas da execução do contrato.

54. Quando na mesma localidade, houver mais de uma Vara do Trabalho com competência material para resolver o litígio, a competência será fixada por distribuição, conforme art. 714, da CLT. A distribuição consiste em repartir, entre juízes com a mesma competência material, as ações propostas na mesma localidade, de tal forma que os magistrados recebam o mesmo número de processos para julgar. Segundo a CLT, a distribuição é realizada de acordo com a ordem de entrada das ações. À medida que são protocoladas as petições iniciais, cada uma é encaminhada a uma das diversas Varas que têm competência material para conhecer do conflito.

55. Depois de editada a Constituição de 1988, o estudo da competência pessoal da Justiça do Trabalho perdeu quase toda a importância. A competência era e é repartida em função das pessoas que participam do conflito. Antes de 1988 os órgãos públicos podiam admitir pessoal pelo regime celetista e pelo regime estatutário. Quando o empregado era contratado pela União, como esta tinha foro privilegiado, a Justiça Federal é quem resolvia o dissídio. A Justiça do Trabalho só dirimia as controvérsias entre empregados e Estados e municípios. Os trabalhadores estatutários, se fossem federais, teriam que ajuizar ações na Justiça Federal e os funcionários estaduais e municipais na Justiça Estadual. Como a Constituição de 1988 pôs fim à possibilidade de os entes públicos nacionais contratarem pessoal pelo regime celetista, perdeu sentido a discussão sobre a competência pessoal.

CAPÍTULO IV

PARTES E PROCURADORES

56. Partes em qualquer processo são os protagonistas da ação, ou seja, são aqueles que pedem ao Judiciário a prestação jurisdicional (autores ou reclamantes) e aqueles contra quem as ações são propostas (réus ou reclamados). A nomenclatura trabalhista de denominar o autor de reclamante e o réu de reclamado remonta ao tempo em que a "Justiça do Trabalho" era um apêndice do Ministério do Trabalho, órgão do Poder Executivo.

57. Partes no processo trabalhista são os prestadores de serviço que podem recorrer a esta Justiça Especializada e aqueles contra quem as reclamatórias são propostas, empregadores ou tomadores de serviço. Saliente-se que o empregado ou prestador de serviços também pode figurar como reclamado em ação trabalhista. Como exemplo mencionam-se os inquéritos para apuração de falta grave, ações de consignação em pagamento, ações de prestação de contas.

58. A capacidade processual não se confunde com a capacidade civil. A capacidade civil pode se confundir com a personalidade, que o ser humano adquire desde que nasce, ainda que sejam preservados os direitos do nascituro. A capacidade de exercício é aquela que a lei confere ao homem para, sem intervenção de quem quer que seja, defender os seus interesses e desfrutar de seus bens e direitos, assim como assumir obrigações. Diz o Código Civil que são absolutamente incapazes os menores de 16 anos, os deficientes mentais, aqueles que mesmo transitoriamente não puderem exprimir sua vontade. Por relativamente incapazes a legislação civil arrola os menores entre 16 e 18 anos, os hébrios e viciados em drogas e os que por deficiência metal tenham sua capacidade de expressar vontade limitada, os excepcionais e os pródigos. Com algumas peculiaridades, o Direito do Trabalho e o processo do trabalho observam as prescrições do Código Civil. A primeira delas diz respeito à capacidade laborativa. Qualquer ser humano que trabalhe pode ser empregado, não importando se tem capacidade de exercício ou não. Em que pesem algumas posições em contrário, não há nulidade no contrato de trabalho havido entre um absolutamente ou relativamente incapaz com o respectivo empregador, sob pena de ocasionar a

este último um enriquecimento sem causa. É verdade que a lei só permite o trabalho dos menores entre 14 e 16 anos na condição de aprendiz. Com mais de 16 e menos de 18 anos, o trabalhador só pode estabelecer contrato de trabalho e rescindi-lo com a assistência de seu representante legal (CLT, art. 439); a mesma regra, por analogia, vale para os demais relativamente incapazes. Em se tratando de absolutamente incapaz, é evidente que o trabalhador terá que ser representado, isto é, alguém praticará os atos da vida civil em nome do representado (pai, mãe, tutor, curador, etc.). As regras que valem no Direito Material do Trabalho são igualmente aplicáveis no processo trabalhista. Por conseguinte, o trabalhador com 18 anos poderá contratar trabalho e rescindir o respectivo contrato sem intervenção de ninguém. Poderá, ainda, propor ação trabalhista, outorgando, inclusive, poderes para que advogado o represente em juízo. Já os absolutamente ou parcialmente incapazes serão representados ou assistidos por quem de direito. A representação se distingue da assistência porque, na primeira, o representante age em nome do representado, enquanto que, na assistência, o assistente age em nome próprio, porém, defendendo direito do assistido. O assistente não pode praticar atos sem o consentimento do assistido e nem este sem a concordância do assistente.

59. No Direito Processual do Trabalho vige o princípio geral de que as partes podem defender pessoalmente os seus interesses em juízo, isto é, prescindem da figura do advogado, o que não acontece nos processos civil e penal, exceto nos juizados especiais. A intervenção de advogados no processo trabalhista é facultativa. Todavia, podem as partes se fazer assistir pelos profissionais do Direito. Às partes incumbe, em princípio, o ônus de remunerar os profissionais que as assistem. Não vale no processo trabalhista a regra da sucumbência em honorários da parte vencida na ação. Só ao prestador de serviços, se estiver assistido pelo Sindicato de sua categoria profissional e comprovar a sua miserabilidade econômica, como visto anteriormente, é que pode ser proporcionada a assistência judiciária, quando, então, o juiz poderá condenar o reclamado/tomador dos serviços, a pagar os honorários do advogado assistente do empregado/prestador dos serviços, em percentual não superior a 15% (quinze por cento), conforme orientação da Súmula n. 219, do TST. Travava-se grande discussão doutrinária e jurisprudencial quanto aos honorários de advogado na hipótese de o profissional ser empregado. Alguns entendem que os honorários de sucumbência pertencem ao tomador dos respectivos serviços, já que o profissional está sendo por ele remunerado, independentemente do resultado da ou das ações que patrocina. Outros, baseados no Estatuto da OAB, afirmam que os honorários de sucumbência pertencem ao advogado que patrocinou a causa, ainda que seja empregado. Permite a Lei n. 5.584/70 que os "solicitadores" atuem na defesa do interesse das partes no processo do trabalho. A figura do "solicitador" (estudante dos últimos anos dos cursos de Direito) não mais existe.

Hoje, temos a figura do "estagiário". Este somente pode praticar atos processuais acompanhado de advogado. O único ato que lhe é facultado promover sem assistência do advogado é a retirada de autos dos cartórios ou secretarias, conforme previsto na Resolução Administrativa n. 940, de 30.06.2003.

60. No processo do trabalho também é admitida a intervenção de terceiros, figura que se caracteriza quando alguém, que não é parte no processo, tem interesse jurídico patrimonial ou moral que possa ser defendido em processo no qual são partes outras pessoas. A questão da admissibilidade da intervenção de terceiros no processo do trabalho é hoje pacificamente aceita pela jurisprudência, como faz certo o Enunciado n. 82 da Súmula do TST. Aliás, em alguns casos, a própria CLT exige a intervenção de terceiros. Veja-se, por exemplo, o que ocorre na hipótese do § 2º, do art. 2º, da CLT. A lei processual trabalhista, que se socorre da lei processual civil como fonte subsidiária, não descreve as figuras que identificam a intervenção de terceiros. Desse modo, o intérprete tem que buscá-las no CPC, em que estão previstas a *assistência, a oposição, a nomeação à autoria, a denunciação da lide* e o *chamamento ao processo*.

61. O assistente age como um protetor, como alguém que socorre, como um coadjuvante, isto é, busca auxiliar na defesa dos interesses do assistido, que tanto pode ser o reclamante quanto o reclamado no processo trabalhista. O assistente nada pede para si e contra ele nada é pleiteado. O assistente pede para o assistido. Assim, o Sindicato pode intervir no feito para auxiliar na defesa dos interesses do trabalhador ou do patrão, conforme seja ele representante da categoria profissional ou da categoria econômica. Aliás, o inciso III, do art. 7º, da CF, confere aos Sindicatos a defesa dos interesses individuais ou coletivos dos integrantes das categorias, inclusive em questões judiciais ou administrativas.

62. Embora rara, a oposição também é cabível no processo trabalhista. A oposição se caracteriza pela intervenção de um terceiro que, em ação própria, defenderá seu interesse que está *sub-judice* em ação entre outras pessoas. Suponhamos que certa empresa está sendo processada na Justiça do Trabalho e que poderá ter seu patrimônio penhorado para garantia do seu débito. Suponhamos, ainda, que alguém, antes mesmo da constituição do crédito do trabalhador, tenha celebrado com a empresa reclamada um contrato de promessa de compra e venda de um bem. Este promitente comprador pode ter interesse legítimo no sentido de resguardar o contrato que estabeleceu e, para isso, terá que ingressar com uma ação de oposição. O opoente, portanto, é autor da ação, ação esta que deverá ser distribuída por dependência (CPC, art.109) ao juízo que está processando a reclamatória (ação pendente) e, como diz *Athos Gusmão Carneiro* em *Intervenção de Terceiros* (ed. Saraiva, pág. 54), "apensada aos autos principais" (os da reclamatória, no caso). As partes na ação pendente deverão ser citadas dos

termos da ação de oposição e, depois de instruídas ambas as ações, a pendente e a oposição, serão elas julgadas com uma única sentença.

63. A nomeação à autoria é cabível no processo do trabalho. Constitui-se o instituto na substituição da parte ilegítima para a causa por um réu que seja parte legítima para responder à ação. A nomeação à autoria objetiva, então, corrigir o polo passivo da relação processual, conforme dispõe o art. 62 do CPC. Ao contrário do que pensa *Sérgio Pinto Martins* (*Direito Processual do Trabalho*, Atlas, 23ª edição), a nomeação à autoria tanto cabe na fase de conhecimento quanto na de execução no processo do trabalho. Será arguida, sempre, pelo demandado. Assim, se o trabalhador ingressou com a ação contra o gerente da empresa, até por questão de economia, este pode nomear à autoria o verdadeiro empregador. Na execução, como exemplifica *Amauri Mascaro Nascimento* "cabe nomeação à autoria do proprietário ou possuidor, pelo simples detentor" (*Curso de Direito Processual do Trabalho*, ed. Saraiva, pág. 198).

64. A denunciação da lide é uma espécie de ação regressiva, que pode ser proposta tanto pelo autor quanto pelo réu, sendo denunciado aquele contra quem o reclamante tem pretensão indenizatória ou de reembolso, caso ele, denunciante, seja sucumbente na ação principal (CPC, arts. 56/80). No processo trabalhista é o que ocorre, por exemplo, nos casos de sucessão de empregadores, podendo o sucessor denunciar o sucedido, se assim estiver previsto em lei ou no contrato. Há que se ter, entretanto, o cuidado de verificar se com a denunciação não se estará discutindo matéria estranha à competência da Justiça do Trabalho. Apesar de opiniões em contrário, no denominado *factum principis* ocorre verdadeira denunciação da lide. *Factum principis* nada mais é que um ato da administração pública que impossibilita a execução do contrato de trabalho, de forma definitiva ou temporária, conforme previsto no art. 486, da CLT. Assim, se o Poder Público pratica ato que vem a desconstituir o contrato de trabalho, será ele responsável pelo pagamento das indenizações devidas ao empregado. Por esta razão, se o empregado propuser ação contra o empregador, este pode denunciar à lide o órgão da administração que praticou o ato que importou na rescisão do contrato de trabalho, para que este pague as indenizações devidas ao reclamante.

65. O chamamento ao processo pode ser utilizado no processo do trabalho. Consiste o chamamento em trazer para o polo passivo da relação processual não apenas o devedor mas, também, os coobrigados (CPC, art. 77). Desse modo, o reclamante pode chamar ao processo as empresas que são solidária ou subsidiariamente responsáveis pelas obrigações trabalhistas, como os integrantes do mesmo grupo econômico (CLT, art. 2º, § 2º, art. 448) ou o empreiteiro principal pode chamar ao processo a subempreiteira para que responda pelas obrigações trabalhistas de seus empregados (CLT, art. 455).

CAPÍTULO V

PROCEDIMENTOS PROCESSUAIS TRABALHISTAS

66. Por procedimento se entende o conjunto de atos que são praticados pelas partes, pelo juiz e pelos auxiliares da Justiça com o objetivo de atingir a decisão final que ponha fim ao litígio ou ao processo. Não se pode confundir processo com procedimento. Processo, como já mencionado, é uma das maneiras de resolver um conflito. Procedimento é o conjunto de atos que constituem o processo e que se materializam nos autos deste. Em outras palavras: os atos processuais são documentados e o somatório destes atos é que constitui os autos do processo. Assim, a petição inicial é um ato, a notificação para a audiência é outro, a contestação também, a audiência, igualmente, e assim por diante. Tudo isso é juntado em um ou mais volumes que constituirão os autos do processo.

67. No processo do trabalho estão previstos três tipos de procedimento: *o ordinário, o sumário e o sumaríssimo.* O critério que o legislador utilizou para estabelecer qual o procedimento que será adotado é o valor da causa. Assim, se o valor da causa não ultrapassar dois salários mínimos, o procedimento será o sumário (Lei n. 5.584/70); se o valor da causa exceder de dois e não ultrapassar quarenta salários mínimos o procedimento será o sumaríssimo e, por fim, se o valor da causa exceder quarenta salários mínimos o procedimento será o ordinário. Logo que foi introduzido o procedimento sumaríssimo (Lei n. 9.957/2000, incorporada à CLT, a partir do art. 852-A) entenderam alguns autores que este revogara o procedimento sumário. A tese não vingou, conforme reiteradas decisões do TST. Há, ainda, um procedimento especial, que tem o mesmo rito do ordinário, para solucionar os inquéritos para apuração de falta grave (a principal e talvez única diferença é quanto ao número de testemunhas).

68. Antes de comentar as regras que devem ser observadas em cada um dos procedimentos, convém salientar que em qualquer deles, a sequência de atos processuais é praticamente idêntica, de modo que, observado o princípio da simplicidade que informa o processo do trabalho, o legislador poderia utilizar um único procedimento, estabelecendo alguma regra específica apenas quanto ao cabimento de recursos.

PETIÇÃO INICIAL

69. A petição inicial, no processo do trabalho, como em qualquer outro processo, é a peça, o documento por meio do qual a parte interessada pede a tutela jurisdicional do Estado para solucionar um conflito de interesses. O nome petição inicial é usado no processo civil e no processo do trabalho. A mesma peça, em outros processos, recebe designações diferentes, como denúncia e queixa, no processo penal, por exemplo. A denúncia nada mais é que a petição inicial, elaborada pelo Ministério Público para informar o juiz da ocorrência de um crime de ação pública, enquanto que a queixa se constitui na petição inicial que o cidadão apresenta ao juiz para comunicar um crime de ação privada.

70. A petição inicial, no processo trabalhista, considerando, principalmente, a consagração do princípio do *jus postulandi* é de uma simplicidade franciscana. Diz o art. 840 da CLT que a petição inicial poderá ser escrita ou verbal e, em qualquer das hipóteses, conforme preconizam os parágrafos do dispositivo citado, deverá conter alguns requisitos essenciais, a saber:

1) a designação do juiz a quem é dirigida, isto é, a petição deverá ter um destinatário, que será o Juiz do Trabalho ou o Juiz de Direito ou, ainda, o Presidente do TRT, a quem será reivindicada a prestação jurisdicional.

2) a qualificação do reclamante e do reclamado, ou seja, quanto ao reclamante é indispensável identificá-lo, indicando seu nome, endereço, nacionalidade, estado civil, profissão, número da CTPS, número de inscrição no PIS e no CPF; relativamente ao reclamado, o mais importante é o endereço para que este possa ser notificado dos termos da reclamação e da data da audiência que for designada; muitas vezes o reclamante desconhece o nome do reclamado, conhecendo-o apenas pelo nome de fantasia, de modo que basta a indicação desse nome de fantasia e o respectivo endereço para que seja possível dar continuidade aos demais atos processuais. O endereço é fundamental na peça inicial porque as notificações da propositura da ação e da designação da audiência são realizadas por via postal, com AR (aviso de recebimento).

3) uma breve exposição dos fatos de que resulte o dissídio. Aqui a lei é bem clara — exige uma **breve exposição dos fatos que deram origem ao litígio**, ou seja, o reclamante deve indicar as causas dos pedidos de modo suscinto e objetivo. Por exemplo: Se o reclamante foi despedido sem justa causa, basta que diga isso para postular o pagamento de verbas rescisórias. É desnecessário e desproposital mencionar que o reclamante era um ótimo empregado, cumpridor dos

seus deveres, porquanto tais circunstâncias são irrelevantes para o deslinde do pleito.

4) o pedido, que resulta daqueles fatos que foram breve e objetivamente expostos. A petição inicial é um silogismo, em que a premissa maior é a lei, a premissa menor os fatos e a consequência é o pedido.

5) ainda que não referido na CLT, é conveniente lançar na petição inicial o valor da causa, pois em função dele é que será adotado o procedimento. Se a inicial for omissa quanto ao valor da causa, o juiz deverá fixá-lo, conforme dispõe o art. 2º, da Lei n. 5.584/70. Se alguma das partes não estiver de acordo com o valor estabelecido, poderá pedir revisão ao Presidente do TRT, no prazo de 48 horas, hipótese em que não haverá suspensão do andamento do processo.

71. Nas reclamações verbais, os requisitos da petição inicial são os mesmos. O chefe de secretaria ou escrivão tomará a termo as declarações do reclamante, seja ele empregado ou empregador. Se o reclamante for analfabeto, sua impressão digital será colhida no termo ou firmada a rogo. Nas iniciais escritas, se o reclamante for analfabeto o seu advogado poderá prestar "caução de rato", isto é, assinará a peça sem a correspondente procuração, que poderá ser outorgada na ata da audiência (*apud acta*), a fim de que sejam evitadas despesas com a outorga de procuração por instrumento público.

72. Elaborada a petição inicial em pelo menos duas vias, o passo seguinte é protocolá-la no órgão que ira decidir a ação. Se na localidade existir mais de um órgão competente para apreciar o feito, este será submetido à distribuição, ou seja, de acordo com a ordem de entrada das reclamações estas serão encaminhadas a cada juiz que possa sobre elas decidir.

73. Distribuída a reclamatória, o chefe de secretaria ou escrivão designará audiência e, em 48 horas, remeterá notificação ao reclamado, cientificando-o dos termos da reclamatória e da data da audiência de instrução e julgamento, que será a primeira desimpedida, depois de 5 dias (CLT, art. 841). A notificação, de acordo com a lei, será feita por via postal, com franquia. Se o reclamado opuser resistência ao seu recebimento ou não for encontrado, será realizada por edital, que será afixado na sede do juízo e publicado em jornal oficial ou que divulgue o expediente forense. Na prática, como a notificação tem por finalidade, tanto quanto possível, dar ciência ao reclamado da existência da ação, muitos juízes utilizam outros expedientes para notificar os reclamados, como, por exemplo, encaminhar o documento por intermédio do Delegado de Polícia, do Subprefeito, quando o demandado tem endereço fora da área servida pelo Correio. O reclamante é notificado da data da audiência do mesmo modo que o reclamado, ou, o que ocorre mais frequente-

mente, por intermédio do seu advogado, desde que tenha outorgado poderes expressos para tal fim.

AUDIÊNCIA

74. Na data e horário marcados realizar-se-á a audiência de instrução e julgamento, à qual deverão estar presentes o juiz e as partes, estas independentemente de seus advogados. As audiências deverão ser realizadas no horário compreendido entre 8 e 18 horas, na sede do juízo, ou, em casos especiais, em outro local. O juiz deverá comparecer à audiência no horário designado. Se, após 15 minutos do horário designado o juiz não comparecer, as partes poderão retirar-se, ficando a circunstância registrada no livro de audiências (CLT, arts. 813/815). Iniciada a audiência dentro do horário, poderá ela estender-se depois das 18 horas, se assim entender conveniente o magistrado, especialmente para não interromper a prova.

75. A ausência injustificada do reclamante à audiência importa em arquivamento do feito, ou seja, em extinção do processo sem apreciação do mérito; a ausência desmotivada do empregador traz como consequência a revelia (ausência de defesa), com a confissão quanto à matéria de fato (CLT, art. 844).

76. Se o reclamante, por motivo de força maior não puder estar presente à audiência, poderá justificar a ausência fazendo-se representar no ato pelo Sindicato de sua categoria profissional ou por um colega da mesma profissão, não necessariamente por colega de serviço (CLT, art. 843, § 2º).

77. O reclamado poderá comparecer pessoalmente ou fazer-se representar por preposto que tenha conhecimento dos fatos. Diz o parágrafo primeiro do art. 843 que o preposto será o gerente ou outra pessoa que conheça os fatos que deram origem ao litígio e cujas declarações obrigarão o preponente. Em certa época foi discutido, tanto na doutrina quanto na jurisprudência, se o preposto tinha que ser empregado do reclamado ou se poderia ser qualquer pessoa, desde que tivesse conhecimento dos fatos. A questão foi superada com a edição da Súmula 377, do TST, que preconiza no sentido de que o preposto deve ser empregado do demandado. Em se tratando de reclamatórias de empregados domésticos doutrina e jurisprudência têm sido unânimes em acolher como representantes do reclamado qualquer pessoa da família que resida no local em que trabalhou o reclamante.

78. A audiência será contínua, ininterrupta, devendo nela serem praticados todos os atos necessários ao deslinde da questão, só podendo ser adiada ou transferida se houver motivo relevante (CLT, art. 849). Tal regra vale em todos os procedimentos na Justiça do Trabalho, sendo repetida no art. 852-C, da CLT, ao tratar do procedimento sumaríssimo. Na audiência será apresentada a defesa, colhidas as provas, realizadas as propostas de conciliação e julgado o processo.

RESPOSTA DO RECLAMADO

79. O primeiro aspecto a considerar na resposta do reclamado é o prazo. Há prazo para que o reclamado apresente a sua defesa. A CLT, em seu art. 847 diz que, depois de realizada a primeira proposta conciliatória, se não houver acordo, o reclamado terá vinte minutos para oferecer a sua resposta. A indagação maior é sobre a existência de algum prazo para que o reclamado possa elaborar a sua resposta. Ainda que existam opiniões em sentido contrário, não há como negar que o reclamado dispõe de pelo menos cinco dias para preparar sua defesa. Isto se depreende, claramente, da norma do art. 841, *caput*, da CLT, quando diz que depois de recebida e protocolada a reclamação, o escrivão ou chefe de secretaria designará audiência, **que será a primeira desimpedida, depois de cinco dias**, notificando o reclamado dos termos da inicial e para que compareça à audiência. Isto significa, nada mais, nada menos que, de modo indireto, a CLT assegurou ao reclamado o prazo mínimo de cinco dias para preparar sua defesa, prazo este que deverá ser contado da data em que o réu recebeu a notificação. Dizendo de outro modo: entre a data de recebimento da notificação e a da realização da audiência deverá medear um prazo de pelo menos cinco dias, que é o tempo disponível para preparar a resposta.

80. A resposta do reclamado pode ser apresentada de três formas, a saber: exceções, contestação e reconvenção.

81. As exceções constituem modo indireto de o reclamado opor-se ao direito de ação do reclamante. Nas exceções, a resposta consiste em "defesa" de natureza processual, ou seja, não há oposição aos pedidos formulados na inicial, mas, sim, contraposição a aspectos de cunho processual que podem extinguir o feito sem apreciação do mérito, isto é, sem exame dos pedidos apresentados pelo reclamante. São duas as modalidades de exceção — de incompetência e de suspeição. Qualquer delas suspende o andamento do processo, conforme determina o art. 799, da CLT.

82. As exceções de incompetência podem ser de quatro tipos: em razão da matéria, da pessoa, da hierarquia e do território.

83. A exceção em razão da matéria diz respeito ao conteúdo do litígio. Para que a Justiça possa resolver o conflito há que ser observada a limitação estabelecida no art. 114 da CF. Diz a regra que a competência material da JT é para processar e julgar ações oriundas de relação de trabalho, da qual a relação de emprego é espécie, não importando quem seja a figura do tomador dos serviços ou empregador. Originariamente a competência da JT era para dirimir conflitos decorrentes de relação de emprego e, em casos excepcionais, de relação de trabalho.

84. A exceção em razão da pessoa, como dito anteriormente, perdeu a sua principal razão de ser com a edição da Carta Constitucional de 1988, que

proibiu a administração pública de admitir pessoal pelo regime contratual, também chamado de "celetista".

85. A exceção de incompetência em razão da hierarquia decorre da organização interna dos órgãos que integram o Judiciário Trabalhista. Assim, órgãos de hierarquia superior têm competências diversas dos situados em plano inferior na organização judiciária. Os TRTs, por exemplo, por disporem de competência para reexaminar as decisões dos juízes das Varas Trabalhistas, estão hierarquicamente colocados acima dos magistrados de 1º grau. Já o TST está em plano hierárquico superior aos TRTs.

86. No tocante à exceção de incompetência em razão do território, ou do lugar, já foi mencionado que a jurisdição das Varas e dos Tribunais é fixada em lei federal e que, em princípio, o foro competente para conhecer da demanda trabalhista é aquele no qual o serviço foi efetivamente prestado.

87. Suscitada exceção de incompetência, o juiz deverá abrir prazo de 24 horas para que o excepto responda e, após instruída a exceção, será proferida sentença decidindo acerca da competência da Justiça do Trabalho (CLT, art. 800). Sendo acolhida a exceção, os autos do processo serão encaminhados ao juiz considerado competente. Rejeitada a exceção não caberá, pelo menos de imediato, nenhum recurso contra a sentença que a apreciou, cabendo à parte, se assim entender, renovar os termos da exceção no recurso que couber da decisão de mérito.

88. Relativamente à exceção de suspeição, a CLT trata do assunto no art. 801. Para melhor compreensão do tema, convém examinar o que diz o CPC que, em seus arts. 134 e 135, diferencia o que seja impedimento e suspeição. Nos casos de impedimento o juiz está proibido de atuar e nos de suspeição poderá praticar atos. No primeiro caso, os atos são nulos; no segundo, anuláveis.

89. Dispõe o art. 134 do CPC que o juiz está proibido de praticar quaisquer atos nos processos em que for parte, em que interveio como mandatário da parte, oficiou como perito, órgão do Ministério Público ou prestou depoimento como testemunha; que julgou o processo em 1º grau de jurisdição; quando nele estiver postulando como advogado da parte o seu cônjuge ou qualquer parente seu, consanguíneo ou afim, em linha reta ou na linha colateral até o segundo grau; quando cônjuge, parente, consanguíneo ou afim, de alguma das partes, em linha reta ou na colateral, até o 3º grau; quando for órgão de direção ou administração de pessoa jurídica, parte na causa.

90. No art. 135, trata o CPC dos casos de suspeição do magistrado, que se caracterizam quando: amigo íntimo ou inimigo de qualquer das partes; alguma das partes for credora ou devedora do juiz, de seu cônjuge ou de parentes destes, em linha reta ou na colateral, até o 3º grau; herdeiro presuntivo, donatário ou empregador de alguma das partes; receber dádivas antes ou depois de iniciado o processo; aconselhar alguma das partes

acerca do objeto da causa ou subministrar meios para atender às despesas do litígio; for interessado no julgamento da causa em favor de uma das partes e, finalmente, quando considerar-se suspeito em razão de foro íntimo. Neste aspecto merecem comentários duas situações bem corriqueiras da vida de qualquer cidadão, inclusive do juiz. No mundo capitalista moderno é comum o cidadão ser devedor de instituições financeiras, ora porque possui um cartão de crédito ou um cheque especial, ora porque financiou a compra da casa própria ou a aquisição de um bem durável, etc. Ora pode ser credor porque realizou aplicação de capital em títulos e outros papéis que rendem juros. Não parece que, nesses casos ordinários, o juiz seja suspeito porque devedor ou credor de alguma empresa ou instituição. Outra situação, esta não prevista na lei, diz respeito aos casos em que o juiz é empregado de alguma instituição. Não raro, os magistrados são professores de escolas, públicas ou privadas, até porque isto lhes é permitido pela Constituição. Em princípio, então, o juiz não é suspeito para julgar causas em que forem partes tais instituições. Só o foro íntimo do magistrado é que poderá avaliar o grau de comprometimento de sua consciência para examinar e julgar causas em que sejam partes seus colegas ou as instituições para quem trabalha.

91. No processo do trabalho somente as exceções suspendem o andamento do processo. Outras preliminares, como a de inépcia da inicial, litispendência, coisa julgada, carência de ação, podem e devem ser suscitadas na defesa, porém sem que a parte que as argui deixe de contestar o mérito da causa. É muito comum observar-se defesas em que o reclamado nega o vínculo empregatício com o reclamante fazendo-o sob a forma de exceção de incompetência em razão da matéria, e deixando de manifestar-se acerca dos pedidos formulados pelo autor. Este é um procedimento equivocado. Quem é competente para decidir se há ou não relação de emprego entre reclamante e reclamado? Certamente não é o juiz criminal, nem o juiz da vara de família, nem o juiz federal e muito menos o juiz da Vara cível. Só o juiz trabalhista é quem pode definir a existência ou não da relação de emprego entre reclamante e reclamado. Na verdade, no caso, estamos diante de uma preliminar de carência de ação trabalhista se porventura o reclamante não for empregado do reclamado.

92. Na contestação, o reclamado deverá arguir toda a matéria de defesa, não só a relativa a fatos mas, também, a pertinente a questões jurídicas. Aliás, já na contestação, se houver matéria constitucional a ser discutida, deverá ser feito o devido prequestionamento, sob pena de a parte interessada não poder mais perquiri-la em outras instâncias, especialmente perante o STF. Assim tem entendido boa parte da jurisprudência ao interpretar a Súmula nº 297 do TST.

93. Na contestação, igualmente, deverá ser arguida a prescrição (art. 30, IV, do CPC), assim como a compensação e a retenção (art. 767, da CLT).

Relativamente à prescrição, parece que o Código Civil de 2002 permite que seja invocada em qualquer grau de jurisdição (art. 192).

94. Outro meio de resposta do reclamado é aquilo que o CPC denomina de reconvenção, instituto previsto em seus arts. 315 a 318. A reconvenção nada mais é que, no mesmo processo em que é reclamado este possa mover outra ação contra o reclamante. No processo do trabalho é admitida a reconvenção, porquanto o instituto não contraria os princípios que o norteiam. Assim, se o empregador move uma ação de consignação em pagamento contra o empregado, este pode responder propondo uma reclamatória trabalhista contra o patrão, para receber verbas que não são objeto da consignatória. Com uma só sentença e nos mesmos autos o juiz decidirá a ação e a reconvenção.

FASE PROBATÓRIA OU INSTRUÇÃO

95. Prosseguindo a audiência, depois de apresentada a resposta do reclamado, inicia-se a instrução do feito, ou seja, a coleta das provas. Diz o art. 765 da CLT que o juiz poderá determinar qualquer diligência necessária ao esclarecimento da causa. Em outras palavras e reportando ao art. 332 do CPC: todos os meios lícitos e moralmente legítimos são hábeis para provar a verdade dos fatos em que se funda a ação ou a defesa. De um modo geral, no processo do trabalho as provas mais frequentes são o depoimento pessoal, a inquirição de testemunhas, a juntada de documentos, as perícias e as vistorias, sem que, com isso, sejam abstraídos outros instrumentos probatórios.

DEPOIMENTO PESSOAL

96. O depoimento pessoal tem por objetivo obter a confissão. E o que é a confissão? Nada mais, nada menos que o reconhecimento de que são verdadeiros os fatos narrados pela parte antagônica. A confissão, por conseguinte, só abrange matéria de fato. A lei contempla duas espécies de confissão. A confissão real, como sendo aquela que decorre do depoimento pessoal e a confissão ficta ou presumida, que é uma consequência da revelia. A *ficta confessio* é, sempre, relativa, porquanto pode ser desconstituída por outros meios de prova. É por causa do depoimento pessoal que a CLT exige a presença pessoal das partes na audiência de instrução e julgamento. É óbvio que se uma das partes for menor de 18 anos, prestará depoimento assistida pelo seu representante legal. E isto vale, inclusive, para os menores de 16 anos. O depoimento é pessoal. Ninguém pode prestar depoimento pelo empregado, se este estiver vivo e no uso perfeito de sua razão. A menoridade, por si só, não é impeditiva de que o depoimento pessoal seja prestado pelo menor. E assim é porque prima o Direito do Trabalho pelo princípio

da primazia da realidade. Só quem viveu a situação é que pode, pelo menos de imediato, melhor descrevê-la. Aquele que vai depor deve dizer a verdade, em que pese não preste compromisso. Tal afirmação resulta do princípio da lealdade e da boa-fé que inspiram qualquer ramo do Direito Processual. Se o depoente mentir em juízo poderá sofrer, pelo menos, a pena por estar litigando de má-fé (CPC, art. 17, II).

97. Uma confusão que não pode ocorrer: é comum que, em audiência, o juiz proponha o acordo, receba a resposta do reclamado e, por um motivo relevante, é obrigado a prosseguir a audiência em outra data. Na audiência de prosseguimento o reclamante ou o reclamado não comparecem. O que acontecerá? O processo será arquivado pela ausência do autor? Não. Em tal hipótese, como o reclamante já estava intimado para a audiência em que deveria depor, será considerado confesso. Se o ausente for o reclamado, não haverá, como é bastante comum acontecer, revelia, mas, sim, confissão ficta, e isto é natural na medida em que, na audiência inaugural, o reclamado ofertou sua defesa.

98. Admite a CLT, como referido anteriormente, que o empregador seja representado na audiência por um preposto, cujas declarações, ao prestar depoimento pessoal, obrigam o preponente.

PROVA TESTEMUNHAL

99. Testemunha é aquele que viu ou ouviu alguma coisa, que presenciou um fato e, por isto, tem dele conhecimento. A prova testemunhal talvez seja a mais precária, a mais imprecisa das provas, na medida em que a testemunha, ainda que não esteja faltando com a verdade, observa e narra os fatos que assistiu, geralmente, de acordo com a ótica daquele em favor de quem está depondo.

100. A CLT, nos procedimentos ordinários e sumários, admite que cada uma das partes apresente até três testemunhas; no procedimento sumaríssimo, cada um dos litigantes pode apresentar duas testemunhas e, nos inquéritos para apuração de falta grave, o número de testemunhas que as partes podem indicar é de seis. Isto, entretanto, não impede que o juiz, se assim entender necessário para o esclarecimento da causa, ouça tantas testemunhas quantas quiser.

101. Ao depor, a testemunha será qualificada e compromissada, ou seja, prestará o compromisso de dizer a verdade, sob pena de ser multada e processada por crime. Só as pessoas físicas capazes é que podem prestar depoimento como testemunha. Os relativamente incapazes prestarão depoimento como informantes, isto é, não prestam compromisso de falar a verdade.

102. Ao depor, a testemunha que ainda não foi ouvida, não pode escutar o depoimento das demais e o seu depoimento será resumido na ata de audiência. No procedimento sumário a Lei n. 5.584/70 dispensa o juiz de resumir os depoimentos, inclusive os prestados por testemunhas.

103. Não podem depor como testemunhas os parentes até o terceiro grau civil, seja na linha reta ou colateral, o amigo íntimo e o inimigo de qualquer das partes (CLT, art. 829). Por amigo íntimo se considera aquele que tem relações estreitas com qualquer dos litigantes; o simples colega de serviço não é amigo íntimo; já o compadre, aqueles que frequentam a casa um do outro e os que têm entre si um relacionamento mais profundo, são considerados amigos íntimos. O mesmo se pode dizer do inimigo; uma desavença banal, que não afeta de modo esdrúxulo o relacionamento entre duas pessoas não pode ser considerada inimizade. Em não podendo a testemunha prestar o compromisso, será inquirida, se assim entender o juiz, como informante.

104. A valoração dos depoimentos das partes e das testemunhas será feita pelo juiz. Geralmente, o magistrado cruza os depoimentos, ou seja, aquilo que uma das partes ou de suas testemunhas disse e que beneficia a parte adversa é tido como verdadeiro. Os simples depoimentos abonatórios precisam, para ter maior valor, ser analisados de acordo com o conjunto probatório.

105. As testemunhas comparecerão à audiência independente de notificação (CLT, art. 825) e não poderão sofrer descontos em seus salários em virtude do comparecimento a juízo (CLT, art. 822). Sendo funcionário público civil ou militar, o juiz requisitará o seu comparecimento à audiência marcada (CLT, art. 823). A testemunha só será notificada se não comparecer espontaneamente à audiência. Se, ainda assim, recusar-se, será conduzida coercitivamente e ficará sujeita à multa (CLT, art. 825 e seu parágrafo único).

PROVA DOCUMENTAL

106. No capítulo pertinente ao processo do trabalho a CLT pouco ou nada diz acerca da prova documental. Apenas o art. 830 menciona que o documento oferecido como meio de prova deve ser apresentado no original ou em certidão autêntica, ou, ainda, quando a cópia for confrontada com o original diante do juiz ou Tribunal.

107. Em sentido literal, documento é todo o escrito utilizável para consulta, estudo ou prova de algum fato. No processo do trabalho é de notável importância a prova documental. Ao definir a figura do empregador, diz a CLT, em seu art. 2º, que este é a empresa que **dirige** a prestação pessoal de serviços. Ora, o empregador é quem organiza o trabalho e, por isto, o Direito Material do Trabalho impõe-lhe o ônus de documentar a execução da prestação de serviços resultante do contrato de trabalho. É por isso, por exemplo, que o patrão deve anotar a CTPS do empregado, guardar

os recibos de pagamento de salários, controlar a frequência e o horário de trabalho, comprovar os recolhimentos do FGTS e previdenciários, e assim por diante. De um modo geral, dado o princípio da inversão do ônus da prova, incumbe ao empregador, com a utilização de documentos, demonstrar a legalidade de todos os atos pertinentes à prestação dos serviços pelo trabalhador.

108. Em princípio, os documentos servem para provar fatos. Todavia, em vários casos, também é com documentos que se comprovam direitos. Assim, é do interessado o ônus de demonstrar o conteúdo, a validade e a eficácia de lei estadual, municipal ou estrangeira que porventura lhe outorgue vantagens de cunho trabalhista (CPC, art. 337). Do mesmo modo, é de quem alega o ônus de demonstrar direito consagrado em convenção, acordo ou sentença normativa (CLT, art. 872, parágrafo único).

109. O momento oportuno para apresentação dos documentos é com a petição inicial e com a resposta do reclamado (CPC, art. 396), só sendo lícito juntá-los *a posteriori* se disserem respeito a fatos novos ou para contrapô-los aos que foram produzidos nos autos (CPC, art. 397).

PROVA PERICIAL

110. A prova pericial consiste na utilização de pessoas ou equipamentos que tenham habilidade, destreza ou capacidade para subsidiar o julgador com informações que colaborem na solução do litígio. Assim, é por intermédio desse meio de prova que se demonstram, por exemplo, a existência de insalubridade ou periculosidade no trabalho. Aliás, nesses casos, a perícia é obrigatória, conforme determina o art. 195 da CLT. Também é por intermédio de perícias grafotécnicas ou datiloscópicas que se comprova a autenticidade de assinatura ou de impressão digital.

111. Também por meio de perícias realizam-se exames, vistorias e avaliações. Desse modo, pode o juiz socorrer-se de peritos para realizar exames e vistorias em pessoas ou empresas, bem como avaliar bens ou serviços. Hoje, com a competência da Justiça do Trabalho para dirimir questões pertinentes à indenização por danos decorrentes de acidentes do trabalho, as perícias médicas estão ganhando impulso para fornecer elementos ao magistrado que fixará o *quantum* a ser reparado. Igualmente é com a prova pericial que são avaliados, muitas vezes, o valor dos salários ou o preço por serviços de pequena empreitada porquanto, em inúmeros casos, a contratação é verbal, sendo de difícil comprovação o valor do trabalho realizado.

112. O perito será escolhido livremente pelo juiz e apresentará seu laudo no prazo por ele fixado. Os honorários periciais serão suportados pela parte vencida quanto ao objeto da perícia. Os litigantes poderão indicar assistentes técnicos que apresentarão seus pareceres no prazo assinado ao perito oficial, cabendo a cada um deles remunerar o técnico que contratou.

INSPEÇÕES E VISTORIAS

113. Em que pese não muito frequente, têm os juízes o poder de vistoriar e de inspecionar, em qualquer fase do processo, pessoas ou coisas. Assim procederá o magistrado quando achar necessário para melhor verificação ou interpretação dos fatos que deva observar, nas hipóteses em que a coisa não puder ser apresentada na sede do juízo ou para fazer reconstituições. Nas vistorias e inspeções o juiz poderá fazer-se acompanhar por quantos peritos entenda necessário. Concluída a vistoria ou inspeção o juiz determinará a lavratura de auto circunstanciado, que poderá ser acompanhado de desenho, gráfico ou fotografia (CPC, arts. 440 a 443). Cito um exemplo: em certa oportunidade, quando presidia uma Junta de Conciliação e Julgamento em uma ação trabalhista o reclamado alegou justa causa para a rescisão de contrato de trabalho do reclamante. Diz a empresa que o empregado, em virtude de desavença com seu superior hierárquico, tomou as botinas que lhe foram fornecidas pela empregadora para trabalhar e as cortou com uma faca ou tesoura. O reclamante, em sua versão, disse que as botinas estavam estragadas porque ele tinha muita calosidade nos pés. Em virtude disso, entendi de fazer uma vistoria e uma perícia nos pés do reclamante. Já ao ingressar na sala de audiências, observei que o reclamante calçava sapatos de bico fino bem ajustados. Determinei que tirasse os sapatos e as meias e com o auxílio do perito verifiquei que os pés do reclamante davam inveja até a manequins profissionais, pois estavam lisinhos e sem qualquer sinal de lesão. Resultado: o reclamante confessou que efetivamente havia rasgado o equipamento de proteção que lhe fora fornecido pela empregadora.

RAZÕES FINAIS — CONCILIAÇÃO

114. Depois de encerrada a fase probatória, o juiz abrirá, na audiência, prazo de dez minutos para que cada um dos litigantes apresente, oralmente, as suas razões finais, que poderão ou não ser transcritas em ata pelo juiz (CLT, art. 850). As razões finais consistem na análise que cada uma das partes poderá realizar acerca da prova e os argumentos que sustentam o pedido e a defesa. Em que pese a lei diga que as razões finais serão ofertadas oralmente, é costume de alguns magistrados permitir que, em prazo por eles assinado, as razões sejam apresentadas por meio de memoriais escritos. O mesmo art. 850 prescreve que, após aduzidas as razões finais, está o juiz obrigado, novamente, a propor o acordo às partes. Se houver conciliação, será lavrado o termo respectivo na ata de audiência. Não havendo transação, o juiz deverá decidir, de pronto, o litígio.

SENTENÇA

115. No processo civil, penal ou do trabalho, o juiz pode proferir vários tipos de decisão, a saber: despachos de mero expediente, decisões interlocutórias e sentenças.

116. Despachos são as decisões do juiz que têm por finalidade organizar o processo. Ao juiz incumbe o poder/dever de dirigir o feito. Desse modo, todos os atos devem ser examinados pelo magistrado. Se alguma das partes requerer a juntada de uma petição aos autos, o pedido só será atendido depois de examinado pelo juiz; se o juiz ordenar a expedição de um ofício, de uma notificação, marcar a data de uma audiência, etc. — estará despachando. Nos despachos o magistrado não decide nada, apenas ordena, organiza o processo.

117. As decisões interlocutórias constituem-se em decisões que o juiz toma resolvendo questões de natureza processual incidentes no feito. Portanto, quando o juiz defere ou indefere o pedido de certa prova, está prolatando uma decisão interlocutória. O mesmo acontece quando o juiz aprecia o requerimento de uma pergunta formulada a uma testemunha, defere ou indefere uma perícia e assim por diante. Nesses casos, não há decisão sobre o litígio mas, apenas, sobre questões de natureza processual.

118. Sentença é o ato pelo qual o juiz põe fim ao processo. Duas são as modalidades de sentença: terminativa e definitiva.

119. Sentença terminativa é aquela em que o juiz põe fim ao processo sem, entretanto, apreciar o conteúdo do litígio. Em outras palavras: o processo é resolvido sem que o julgador decida acerca dos pedidos formulados na petição inicial ou na defesa. Assim, por exemplo, quando o processo é encerrado porque o reclamante não compareceu à audiência — o que implica em arquivamento da reclamação — o juiz está terminando o processo sem apreciar os pedidos apresentados pelo autor/reclamante. A mesma coisa acontece quando a petição inicial é indeferida, quando o reclamante for considerado parte ilegítima para a ação, quando forem acolhidas preliminares de litispendência, coisa julgada. Enfim, em todos aqueles casos mencionados no art. 267 do CPC.

120. Sentença definitiva, ao contrário, é aquela em que o julgador resolve o processo examinando o conteúdo do litígio, ou seja, profere uma decisão de mérito; acolhe ou não, no todo ou em parte, os pedidos apresentados na petição inicial ou na defesa. As hipóteses de extinção do processo com julgamento do mérito estão elencadas no art. 269 do CPC.

121. Diz o art. 831 da CLT que, sendo inexitosa a segunda proposta conciliatória, o juiz decidirá o feito. Já o § 2º, do art. 851, estabelece que a ata da audiência, com a decisão, deverá ser juntada aos autos, devidamente assinada pelo juiz, no prazo de quarenta e oito horas contados da data em

que a decisão foi proferida. Isto significa dizer que o juiz pode e deve, tanto quanto possível, proferir a decisão oralmente, logo após encerrada a instrução e frustrada a segunda proposta de conciliação. Em assim ocorrendo, o juiz anexará aos autos a sentença, devidamente assinada, no prazo de quarenta e oito horas. Procedendo desse modo, as partes ficarão intimadas da sentença na audiência em que foi proferida oralmente. O juiz só determinará a notificação das partes da sentença se a ata for juntada aos autos depois de transcorrido aquele prazo.

122. Toda sentença tem uma estrutura. O art. 832 da CLT revela que a sentença deverá conter o nome das partes, o resumo do pedido e da defesa, a apreciação das provas, os fundamentos da decisão e a conclusão. Portanto, a sentença terá um relatório, uma fundamentação e uma conclusão.

123. O relatório, que é dispensado nos procedimentos sumaríssimos (CLT, art. 852-I),constitui-se, como a própria expressão revela, em uma narração dos principais atos praticados no feito. Por conseguinte, no relatório, o juiz identifica os litigantes, resume os pedidos e as respectivas respostas, menciona as provas que foram produzidas e narra os demais atos praticados no processo, como as propostas de conciliação, as provas que foram colhidas, a apresentação de razões finais, etc.

124. Na fundamentação o magistrado apresenta as razões que motivaram a sua decisão, oferece os seus argumentos, analisa as provas, indica tudo quanto foi relevante para formar o seu convencimento. Ao fundamentar a sentença o juiz pode utilizar os argumentos apresentados na inicial ou na defesa mas, também, pode valer-se de outros elementos que entenda relevantes para a solução da lide. Importante salientar que a fundamentação não faz coisa julgada (CPC, art. 469, I), sendo parte indispensável desta (CF, art. 93, IX e art. 131, do CPC). Sentença sem fundamentação é nula de pleno direito.

125. Na conclusão ou dispositivo é que o juiz efetivamente decide, isto é, acolhe ou rejeita, no todo ou em parte, os pedidos apresentados na inicial ou na defesa. É a conclusão ou dispositivo que transita em julgado. Na parte dispositiva ou conclusiva, o juiz, atendendo ou rejeitando os pedidos, fixará, ainda, o valor das custas, a remuneração dos peritos, os honorários de assistência judiciária. Na conclusão o juiz deverá detalhar tudo quanto é decidido. Como a petição inicial, a sentença é um silogismo, porquanto o dispositivo é decorrência lógica daquilo que foi objeto da fundamentação e que foi narrado no relatório. Importantíssimo, na conclusão, é a indicação da forma pela qual a sentença será liquidada, assim como o valor estimado da condenação, que servirá de base para cálculo das custas (que também constarão do dispositivo), porquanto, em caso de recurso, se houver necessidade de depósito ou recolhimento das custas estas já estão fixadas na condenação. O valor das

custas corresponde a 2% do valor da condenação, observado o valor mínimo de R$ 10,64 (dez reais e sessenta e quatro centavos).

126. Relativamente ao procedimento sumaríssimo, a sentença tem algumas peculiaridades. Em primeiro lugar, como mencionado anteriormente, é dispensado o relatório. Em segundo lugar, a lei permite que, em cada caso, o juiz decida da maneira que entender mais justa, observados os fins sociais e as exigências do bem comum (§ 1º do art. 852-I, do CLT.) Nisso não há maior novidade, salientando-se, apenas, que o juiz já podia resolver, por equidade, conforme a Lei de Introdução ao Código Civil e o art. 127 do CPC. A decisão por equidade, todavia, só poderá ser adotada se não houver lei que regule o conflito. Em terceiro lugar, observando-se o art. 852-B-I, da CLT, a sentença deverá ser líquida, o que, na prática, só acontece em raríssimos casos. É que, pelo menos os cálculos de juros e correção monetária, exigirão contas posteriores à prolação do julgado. Aliás, os juros e a correção monetária estão implícitos na parte dispositiva da sentença condenatória, conforme orientação da Súmula 211 do TST. Repete o art. 852, I, § 3º, da CLT, que a sentença deverá ser proferida em audiência, o que também já era sumulado pelo TST (Súmula 197).

127. Proferida e publicada a sentença, o juiz que a prolatou não mais poderá alterá-la, exceto para corrigir erros materiais, de escrita, de datilografia ou cálculo, e isto poderá ser feito até que seja iniciada a execução (CLT, art. 833). As correções poderão ser realizadas de ofício, a requerimento dos interessados ou, ainda, por meio de embargos de declaração.

128. Quando a decisão condenar a União, Estados federados, Municípios, bem como suas autarquias e fundações, a sentença só poderá ser executada depois de submetida ao duplo grau de jurisdição, isto é, ainda que não tenham as partes apresentado recursos voluntários, o juiz deverá submeter a sentença ao TRT, a quem será devolvido o conhecimento sobre toda a matéria de fato e de direito versada nos autos. É o que prescrevem o Decreto-Lei n. 779/69 e o art. 475, II, do CPC. A instituição do duplo grau de jurisdição se, em certa época, tinha razão de existir, porquanto União, Estados e até mesmo Municípios não contavam com advocacias próprias, hoje não tem mais sentido. Não há razão para tratar desigualmente o Estado frente ao cidadão. A mesma coisa se pode dizer sobre os prazos em quádruplo, para contestar, e duplo, para recorrer, conferidos à Administração Pública. Num regime verdadeiramente democrático, o Estado, que geralmente é mais poderoso que o cidadão, especialmente o trabalhador, não pode usufruir de regalias que só retardam o andamento dos processos. A Súmula 303 do TST, de certo modo, abrandou esta regra, dizendo que não se submetem a duplo grau de jurisdição as causas cuja condenação não exceder sessenta salários mínimos.

129. O principal efeito da sentença é a "coisa julgada". Por "coisa julgada" se entende toda a decisão judicial contra a qual não caiba mais nenhum recurso. Como examinado no início deste trabalho, ao Poder Judiciário compete dirimir os conflitos de interesses ocorridos em sociedade. Assim, uma vez decidida a questão, de forma correta ou não, esta será imutável, até por uma questão de segurança jurídica e de paz social. Como dizia o saudoso processualista *Alcides de Mendonça Lima*, a coisa julgada "faz do quadrado, redondo, e do branco, preto". Em consequência, nenhum juiz poderá decidir novamente sobre o mesmo caso, pois a sentença torna-se lei entre as partes, nos limites da lide proposta e das questões resolvidas (CPC, arts. 468 e 471). Não fazem coisa julgada, todavia, o relatório e a fundamentação, a veracidade dos fatos apreciados na sentença e as questões incidentais resolvidas no processo. Em se tratando de decisão que tenha condenado o réu/reclamado em prestações continuadas, não há coisa julgada definitiva, ou seja, a sentença transita em julgado mas os seus efeitos perdurarão até que sobrevenha situação de fato que exija o seu reexame. É o que acontece, por exemplo, com a sentença que condena o empregador a pagar adicional de insalubridade ao empregado, em parcelas vencidas e vincendas; quanto às parcelas vencidas a sentença produz o seu efeito condenatório e é imutável; no que respeita às parcelas vincendas, entretanto, a sentença pode ser revista porquanto a situação de fato pode ser alterada. Se as condições de trabalho piorarem, o adicional de insalubridade poderá ser aumentado; se as condições insalubres do trabalho forem diminuídas ou eliminadas, o adicional poderá ser reduzido ou cancelado (CPC, art. 471, I). Afora isto, a sentença somente poderá ser desconstituída por meio de ação rescisória, conforme previsto no art. 485 do CPC.

130. Outro aspecto importante referente à coisa julgada é o que concerne a decisões proferidas pela Justiça Criminal e que venham a ser invocadas no processo do trabalho. Isto acontece, sobretudo, nas ações em que se discute a justa causa para a rescisão do contrato de trabalho. Sendo discutidos na Justiça Criminal os mesmos fatos que ensejam ação trabalhista é conveniente esperar o pronunciamento da Justiça Criminal para, só depois, o juiz do trabalho se pronunciar sobre a ocorrência ou não de justa causa. Em outras palavras: alegada justa causa na Justiça do Trabalho que envolva fatos, entre as mesmas partes, que estão *subjudice* na Justiça Criminal, o magistrado trabalhista deve suspender o andamento do feito e aguardar o pronunciamento do juiz do crime. A circunstância de o réu ser absolvido pela Justiça Criminal não implica, necessariamente, na inexistência de justa causa (art. 66 do Código de Processo Penal). Assim, se no juízo criminal não restou demonstrada a prática de crime, nada impede, por exemplo, que o juiz do trabalho, com os elementos probatórios de que disponha, possa reconhecer o mau procedimento do empregado (CLT, art. 482, *b*).

131. Por fim, a decisão do juízo cível pode fazer coisa julgada na Justiça do Trabalho. Se, por exemplo, o juízo cível reconheceu a existência de vínculo autônomo de prestação de serviços entre o trabalhador e o respectivo tomador do trabalho, não poderá a Justiça do Trabalho re-examinar os fatos para decidir sobre a existência de relação de emprego entre aquelas partes (CPC, art. 265, IV, *a*).

CAPÍTULO VI

RECURSOS

132. Recurso é o instrumento processual que tem por finalidade revisar, reexaminar uma decisão judicial. É um meio de provocar a reforma de uma decisão judicial desfavorável à parte que o interpõe. Os fundamentos jurídicos dos recursos consistem basicamente na possibilidade de erro, na ignorância ou na tendenciosidade do julgador, na falibilidade do homem; na oportunidade de ver a questão apreciada por julgadores mais experientes; na uniformização da jurisprudência.

133. No inciso LV, do seu art. 5º, a CF consagra o princípio do duplo grau de jurisdição, ou seja, a possibilidade de que as decisões judiciais sejam reexaminadas por órgãos de hierarquia superior.

134. No processo do trabalho existe uma instância ordinária, uma instância especial e uma instância extraordinária. Assim, das decisões dos juízes das Varas do trabalho, caberá recurso para o TRT. Das decisões dos TRTs, ao julgarem recursos opostos contra decisões dos juízes de 1º grau, poderá caber recurso para o TST e, finalmente, das decisões do TST, apreciando recursos de decisões proferidas por TRTs ou pelo próprio TST, poderá caber recurso extraordinário para o STF.

135. Como visto anteriormente, dos despachos de mero expediente não cabe nenhum recurso. As decisões interlocutórias, no processo do trabalho, também são irrecorríveis. A parte que não estiver de acordo com decisão interlocutória deverá manifestar sua inconformidade na primeira vez em que falar em audiência ou nos autos, para evitar a preclusão, podendo pedir o reexame da questão no recurso que couber da decisão final (CLT, art. 893, § 1º). Somente aquelas decisões que ponham fim ao processo na Justiça do Trabalho é que poderão ser objeto de recurso (CLT, art. 799, § 2º).

136. Diz o art. 899 da CLT que os recursos serão interpostos por simples petição. A regra é consequência lógica do princípio do jus postulandi. Como as partes podem agir em juízo sem a assistência de advogados, em não estando conformadas com a decisão proferida, poderão interpor recurso por simples petição, isto é, poderão apenas requerer que a decisão recorrida seja examinada pelo órgão hierarquicamente superior àquele que proferiu

o julgado, sem necessidade de fundamentação. Segundo a doutrina e a jurisprudência, esta consubstanciada na Orientação Jurisprudencial n. 90, da SBDI-II,do TST, é exigível fundamentação nos recursos técnicos, como, por exemplo, o Recurso de Revista.

137. Conforme previsto na Lei n. 5.584/70, nos processos de alçada, ou seja, os de rito sumário, somente caberá recurso extraordinário, se a decisão recorrida contrariar expressa e literal disposição constitucional.

138. No processo do trabalho os recursos têm apenas efeito devolutivo, conforme preceitua o art. 899 da CLT, havendo uma única exceção a esta regra no que tange ao Recurso Ordinário interposto contra decisão que apreciou dissídio coletivo (art. 14 da Lei n. 10.192/2001). O efeito devolutivo faz com que o órgão que vai apreciar o recurso possa revisar o processo em todos os seus aspectos, respeitado, evidentemente, o que foi objeto do recurso apresentado pelo recorrente. O órgão julgador não poderá reformar a decisão naquilo que não foi objeto do apelo. Poderá, entretanto, em examinando os autos e verificando causa de nulidade da decisão recorrida, ainda que não suscitada pelo interessado, anular o feito. O efeito suspensivo, isto é, a impossibilidade de executar, mesmo que provisoriamente, a decisão recorrida, só será dado em casos excepcionais e mediante interposição de ação cautelar. Assim, por exemplo, se a sentença condenou o reclamado a reintegrar o trabalhador no emprego, o recurso terá efeito meramente devolutivo. Entretanto, como a obrigação criada pela sentença, se executada nos moldes estipulados importará em satisfação do débito (execução definitiva), a parte interessada poderá, no próprio recurso, ou em ação própria, requerer a suspensão da execução da sentença.

139. Para ser conhecido, ou seja, para que seja examinado, o recurso é submetido a um duplo exame de seus pressupostos de admissibilidade. Em primeiro lugar, o juízo de admissibilidade é realizado pelo próprio juiz ou Presidente de Tribunal que proferiu a decisão recorrida. O segundo juízo de admissibilidade é realizado pelo órgão a quem o recurso foi dirigido, isto, é pelo órgão que vai julgar o recurso.

140. A admissibilidade do recurso está sujeita ao preenchimento de três requisitos básicos, a saber: interesse, tempestividade e preparo.

141. O interesse é um requisito de natureza subjetiva. É necessário que a parte recorrente tenha interesse em ver a decisão revista. Só o vencido é que tem interesse em recorrer. Aquele que ganhou a ação, ainda que por fundamentos diversos dos por ele apontados, não pode recorrer, porquanto lhe foi satisfeita a pretensão requerida.

142. Os recursos deverão ser interpostos no prazo de 8 (oito) dias (prazo unificado pela Lei n. 5.584/70). De acordo com o Decreto-Lei n. 779/69 os órgãos da administração pública terão este prazo contado em dobro (16 dias) o mesmo acontecendo com o Ministério Público. Importante notar que

o prazo para a interposição do recurso começa na data em que a parte foi intimada da decisão recorrida. Na contagem do prazo exclui-se o dia de começo e inclui-se o dia final. Os prazos não se iniciam e nem começam em dia sem expediente forense. Assim, se a parte foi intimada da decisão num sábado, o seu prazo só começará a ser contado na terça-feira da semana seguinte, porque o início do prazo começa na segunda-feira e a contagem na terça-feira. Do mesmo modo, se o prazo terminou num domingo ou num feriado, prorroga-se para o dia útil imediatamente seguinte.

143. O preparo do recurso consiste no pagamento das custas e na realização do depósito recursal. As custas serão pagas pelo vencido, conforme preceitua o § 1º, do art. 789, combinado com o § 2º do art. 832, da CLT. No processo do trabalho inexiste a figura da sucumbência parcial relativamente às custas. Aquele que foi vencido na ação é quem arcará com o ônus de recolher as custas. Se a ação foi julgada improcedente, a responsabilidade pelo pagamento das custas será do reclamante. Se a ação foi julgada procedente ou parcialmente procedente, o reclamado é quem pagará as custas fixadas pelo juiz. As custas serão recolhidas para a Receita Federal, por meio de guia DARF. O depósito recursal deverá ser realizado pelo reclamado e comprovado, juntamente com o recolhimento das custas, dentro do prazo recursal. O valor do depósito recursal corresponderá ao da condenação, se não exceder os limites estabelecidos pelo art. 899, § 1º, da CLT (os valores são hoje fixados por resolução do TST). O depósito deverá ser efetuado na conta vinculada do FGTS, porém à disposição do juízo (CLT, art. 899, §§ 3º e 4º). Constitui-se o depósito recursal em uma espécie de antecipação do valor da execução.

144. São isentos de preparo a União, os Estados, os Municípios e suas respectivas autarquias e fundações, desde que não explorem atividade econômica, assim como o Ministério Público do Trabalho.Também está isenta de preparo a massa falida, conforme orientação da Súmula n. 86 do TST. Já as empresas em liquidação extrajudicial não estão isentas de preparo, conforme orientação n. 31, da SBDI-1, do TST.

EMBARGOS DE DECLARAÇÃO

145. A palavra embargar é sinônimo de barrar, trancar. Em sentido jurídico, significa praticamente a mesma coisa. Os embargos de declaração constituem-se em recurso que tem por objetivo sanar omissão, obscuridade ou contradição da decisão embargada. Por omissão entende-se a ausência na decisão embargada de julgamento de algum dos pedidos formulados pelas partes. Obscuridade é a falta de clareza na decisão. Por fim, contradição é a falta de lógica entre a fundamentação e a conclusão.

146. Ao publicar a sentença o juiz esgota a sua jurisdição, só podendo modificá-la em caso de embargos de declaração (CPC, art. 463, II) ou para corrigir erros de escrita ou de cálculo (CLT, art. 833).

147. Os embargos de declaração são oponíveis contra qualquer tipo de decisão prolatada pelo juiz, cabendo, assim, não só da sentença mas, também, de decisões interlocutórias e até de despachos (OJ 74, da SBDI-II, do TST). São também oponíveis em qualquer grau de jurisdição, ou seja, tanto das decisões de 1º grau quanto das proferidas por Tribunais.

148. Apresentados os embargos de declaração, suspende-se a execução da decisão embargada, até que o juiz ou Tribunal sobre eles se manifeste. De salientar que a suspensão da execução da decisão embargada é decorrência natural dos embargos, uma vez que estes podem ter efeito modificativo. Em outras palavras: se houver contradição na sentença pode ocorrer que uma ação que, inicialmente, tenha sido julgada procedente, venha a ser modificada por meio dos embargos para concluir-se que é improcedente.

149. A apresentação dos embargos de declaração interrompe o prazo para apresentação de outros recursos para ambas as partes (CPC, art. 538), ou seja, o prazo para a interposição de outros recursos começará a correr, por inteiro, só depois que as partes forem intimadas da decisão proferida nos embargos declaratórios.

150. O prazo para interposição dos embargos de declaração é de 5 dias (CPC, art. 536 e CLT, art. 897-A).

151. Se os embargos forem manifestamente protelatórios ou intempestivos não interromperão o prazo para a interposição de outros recursos e, na hipótese de protelação, o embargante estará sujeito à multa de 1% a 10%, conforme dispõe o art. 538 do CPC. E mais: o conhecimento de outro recurso dependerá do pagamento da multa.

152. Os embargos declaratórios são julgados pelo mesmo juiz que prolatou a decisão embargada.

RECURSO ORDINÁRIO

153. No processo do trabalho o Recurso Ordinário é o correspondente à Apelação do processo civil. O Recurso Ordinário é consequência do princípio do duplo grau de jurisdição. Assim, salvo nos procedimentos sumários, da sentença que puser fim ao processo caberá o Recurso Ordinário. No caso do procedimento sumário, de acordo com o que prescreve a Lei n. 5.584/70, só caberá recurso se a decisão ofender expressa e literal disposição constitucional.

154. As hipóteses de cabimento do Recurso Ordinário estão previstas no art. 895 da CLT. Assim caberá Recurso Ordinário:

a) das decisões definitivas do juiz do trabalho ou do juiz de direito investido de jurisdição trabalhista, no prazo de 8 dias. As decisões passíveis desse tipo de recurso não são apenas aquelas em que há apreciação do mérito da causa. O RO é cabível da sentença que puser fim ao processo, seja ela terminativa ou definitiva. Desse modo, da decisão que ordena o arquivamento da ação, caberá Recurso Ordinário, assim como o recurso será o mesmo se a reclamatória for julgada procedente, improcedente ou procedente em parte. O RO será julgado, neste caso, pelo TRT, ainda que a sentença tenha sido prolatada por juiz de direito investido de jurisdição trabalhista;

b) das decisões interlocutórias que ponham fim ao processo no âmbito da Justiça do Trabalho, como a que acontece quando é acolhida exceção de incompetência em razão da matéria, prevista no § 2º, do art. 799, da CLT), e em todas aquelas hipóteses previstas no art. 267, do CPC;

c) das decisões do juiz do trabalho ou juiz de direito investido de jurisdição trabalhista que apreciem os pedidos formulados na inicial, na contestação ou na reconvenção ou quando forem acolhidas a prescrição ou decadência (CPC, art. 269);

d) das decisões proferidas por TRTs em processos de sua competência originária, tais como, ações rescisórias, mandados de segurança, *habeas corpus*, dissídios coletivos. Nestas hipóteses o RO será julgado pelo TST.

155. O Recurso Ordinário será interposto por simples petição, sendo dispensada fundamentação. Se houver fundamentação, o recurso será apresentado por meio de petição dirigida ao juiz prolator da decisão recorrida, acompanhada de outra petição, em que estão consignadas as razões do recorrente, petição esta que é dirigida ao órgão que irá apreciar o Recurso Ordinário.

156. O Recurso Ordinário será recebido apenas no efeito devolutivo. Somente nos processos de dissídio coletivo é que o Presidente do TST poderá dar efeito suspensivo ao recurso. Não sendo recebido com efeito suspensivo o Recurso Ordinário em processo de dissídio coletivo, poderão os interessados promover a execução por meio da ação de cumprimento, conforme previsto no art. 872, parágrafo único da CLT.

157. Recebido o recurso, será aberto prazo de 8 dias para que o recorrido apresente contrarazões. Depois de oferecidas estas os autos do processo são encaminhados ao órgão que irá apreciá-los.

158. No Tribunal, quando este for dividido em turmas, o processo será distribuído, sendo designados um relator e um revisor. O relator, como o pró-

prio nome indica, é quem relata o processo, ou seja, apresenta aos demais integrantes do Tribunal uma breve história do processo e faz o seu voto. O revisor, reexamina o trabalho do relator e também apresenta o seu voto. Após, o recurso vai a julgamento, em dia e hora previamente marcados. No dia do julgamento, poderão as partes fazer sustentação oral. Os Regimentos Internos dos Tribunais explicitam as condições para a prática de tal ato. Alguns admitem a sustentação oral sem prévio requerimento. Outros estabelecem um tempo de quinze minutos para apresentação da sustentação. Depois que o Ministério Público emitir o seu parecer o feito é julgado e, uma vez proferida a decisão, caberá ao relator lavrar o acórdão (nome que se dá às decisões proferidas por Tribunais). O acórdão conterá um relatório, uma fundamentação e uma conclusão. Terá, ainda, uma ementa (não obrigatória) que nada mais é que uma síntese do que foi decidido. A falta de ementa não anula a decisão.

RECURSO DE REVISTA

159. O Recurso de Revista, dentro do processo trabalhista, é uma espécie de recurso especial e tem por finalidade unificar a interpretação da lei que é realizada pelos TRTs. Além disso, por meio do Recurso de Revista é dado o primeiro passo para a uniformização da jurisprudência trabalhista no país. Neste recurso, que é eminentemente técnico, não se discute matéria de fato, mas, apenas, questões jurídicas. Em outras palavras: no Recurso de Revista é inviável discutir as provas: se a testemunha "a" ou se o preposto "b", faltaram com a verdade; se o documento "x" ou a perícia "y" apuraram tal ou qual acontecimento. O que se vai analisar no Recurso de Revista é a correta aplicação da lei, se esta foi bem interpretada, se foram observados os princípios constitucionais que regem o Direito Material e Processual do Trabalho. Assim, é possível discutir no Recurso de Revista se tal ou qual parcela tem natureza salarial, se foi afrontada a lei, se o juiz não realizou, no momento adequado, a segunda proposta de conciliação, etc.

160. As hipóteses de cabimento de Recurso de Revista estão previstas no art. 896 da CLT. Por ser um recurso técnico, a Revista sempre exigirá fundamentação, até porque o seu conhecimento depende de justificativas que são apresentadas contra o acórdão que julgou Recurso Ordinário. Daí a afirmação de que é obrigatória a intervenção de advogado.

161. De acordo com o art. 896 da CLT são as seguintes as hipóteses de cabimento de Recurso de Revista, que será interposto contra decisão que julgou Recurso Ordinário, em processo de dissídio individual pelos TRTs:

a) derem ao mesmo dispositivo de lei federal interpretação diversa da que lhe houver dado outro TRT, no seu Pleno ou Turma, ou a Seção de Dissídios Individuais do TST, ou Súmula do TST. Em primeiro lugar é bom salientar, desde já, que o Recurso de Revista só é admissível em processos de dissídio individual. Não há previsão legal para interposição de Recurso de Revista em processo de dissídio coletivo. A hipótese inicial de cabimento da Revista é a mais clássica de todas, pois mencionada com toda clareza a finalidade deste tipo de apelo — solucionar divergência jurisprudencial. Assim, caberá Recurso de Revista sempre que a decisão do RO contrariar decisão sobre o mesmo tema prolatada por **outro TRT,** pela SDI do TST ou, ainda, for contrária à Sumula do TST. Quer dizer: O Recurso de Revista caberá por divergência jurisprudencial. Se a divergência jurisprudencial for dentro do mesmo TRT, não caberá Recurso de Revista mas, sim, incidente de uniformização da jurisprudência do Pretório (§ 3º, do art. 896, da CLT);

b) *derem ao mesmo dispositivo de lei estadual, convenção coletiva de trabalho, acordo coletivo de trabalho, sentença normativa ou regulamento empresarial de observância obrigatória em área territorial que exceda a jurisdição do TRT prolator da decisão recorrida, interpretação divergente, na forma da alínea "a".* A hipótese é semelhante à anterior. Aqui, trata-se de divergência jurisprudencial entre TRTs de diferentes regiões que interpretam lei estadual, instrumentos coletivos ou regulamento de empresa que tenham aplicação em mais de um Estado da federação. Exemplificando: se o Sindicato Nacional dos Aeronautas estabelece convenção coletiva com a categoria econômica e sobre cláusula deste contrato Tribunais Regionais divergem quanto à respectiva interpretação e aplicação, caberá Recurso de Revista para o TST. O mesmo acontece com lei estadual que venha a ser aplicada em mais de um Estado. Já com relação à interpretação de lei municipal não há possibilidade de cabimento de Recurso de Revista por divergência jurisprudencial. Nesta hipótese como na anterior será inviável a Revista se a decisão estiver em consonância com Súmula do TST;

c) *proferidas com violação literal de disposição de lei federal ou afronta direta e literal à Constituição Federal.* Neste caso, da ofensa à lei federal — entendida a expressão em sentido amplo — lei, medida provisória decreto, portaria, tratados internacionais, etc. — ou à Constituição da República — viável será a Revista. Não interessa se a lei versa sobre direito material ou processual. É preciso indicar, expressamente, qual o dispositivo que foi violado pelo acórdão recorrido.

162. Não caberá Recurso de Revista contra acórdão que julgou agravo de petição, exceto se a decisão agravada for expressamente contrária à letra da Constituição (Súmula n. 266 do TST). Igualmente não caberá o Recurso

de Revista de decisão de TRT que julga agravo de instrumento, uma vez que o *caput* do art. 896 menciona que a decisão atacável pelo recurso é a proferida em Recurso Ordinário (Súmula n. 218, do TST).

163. O Recurso de Revista também está sujeito a preparo. Assim, dependendo do valor da condenação e daquilo que foi depositado para interposição do Recurso Ordinário poderá ou não haver necessidade de complementar o depósito. Se o recorrente for o empregador, que em 1º grau de jurisdição havia sido vencedor na causa, terá ele de recolher as custas e efetuar o depósito, observando os limites estabelecidos nas Resoluções do TST. Nos procedimentos sumaríssimos só será admissível o RR se a decisão recorrida for contrária à Súmula do TST ou afrontar a Constituição Federal.

164. O Recurso de Revista será apresentado ao Presidente do TRT prolator da decisão recorrida. Este fará o primeiro juízo de admissibilidade. As razões do RR serão dirigidas à Turma do TST. Geralmente nas razões é que o recorrente indica a fonte que proporciona a admissibilidade do Recurso de Revista, ou seja, aponta a divergência jurisprudencial, a afronta à lei, etc. Recebido o Recurso de Revista, o Presidente do TRT dará vistas à parte contrária para contra-arrazoá-lo, em 8 dias. Quando o recurso for interposto com base em divergência jurisprudencial, o recorrente deverá indicar os acórdãos divergentes, mencionando o repertório de jurisprudência de que foram extraídos ou o jornal oficial que os publicou.

EMBARGOS NO TST

165. Os Embargos para o TST estão previstos no art. 894 da CLT e podem ser de três tipos: infringentes, de divergência e de nulidade.

166. Os Embargos Infringentes são cabíveis para a Seção de Dissídios Coletivos (SDC) quando não houver unanimidade em decisão prolatada em processo de dissídio coletivo de competência originária do TST, ou seja daqueles processos que excedem à jurisdição territorial dos TRTs. É o que acontece, por exemplo, nos dissídios coletivos do Banco do Brasil, da Petrobras, etc.

167. Os Embargos de Divergência são apreciados pela Seção de Dissídios Individuais (SDI) do TST e têm como fundamento a divergência de julgados entre as Turmas do TST ou a divergência de decisão das Turmas com Súmulas ou Orientações Jurisprudenciais do próprio TST. A finalidade desses embargos é a de uniformizar a jurisprudência do TST.

168. Os Embargos de Nulidade são julgados pela SDI do TST e são cabíveis contra decisões das Turmas do TST que contrariem literal disposição de lei ou da Constituição Federal. Conforme a Súmula n. 353 do TST não cabem embargos de decisões que julgam agravos de instrumento.

169. Os Embargos serão apresentados ao Presidente da Turma que julgou o recurso contra o qual estão sendo opostos e as respectivas razões para a SDI ou SDC do TST. Também nos Embargos haverá necessidade de preparo — complementação de recolhimento de custas e de depósito recursal — se for o caso.

AGRAVO DE INSTRUMENTO

170. Agravar é sinônimo de fazer queixa. Em termos jurídicos, agravar é sinônimo de recorrer de decisões interlocutórias.

171. No processo do trabalho, o Agravo de Instrumento só é cabível na hipótese do art. 897, *b*, da CLT, ou seja, só cabe Agravo de Instrumento das decisões que negarem seguimento a outro recurso. As decisões interlocutórias, de um modo geral, não são suscetíveis de agravo. Caberá à parte que com elas não se conformar fazer registrar nos autos, na primeira vez em que delas tiver conhecimento, o seu protesto antipreclusivo (CLT, art. 795). O conhecido protesto antipreclusivo nada mais é que aquilo que no processo civil é denominado de Agravo Retido, ou seja, quando do recurso principal, como questão preliminar, poderá a parte suscitar a questão objeto do protesto ou agravo retido. Se esta for acolhida, a sentença será anulada, devendo ser praticado o ato contra o qual houve a insurgência para, então, depois, ser proferida nova decisão.

172. O Agravo de Instrumento será examinado em autos apartados do principal. Assim se o juiz nega seguimento ao Recurso Ordinário, haverá necessidade de formar autos de Agravo, que serão remetidos ao Tribunal para que este aprecie, apenas, se é ou não caso de receber o RO.

173. O Agravo de Instrumento, conforme disposição do art. 524 do CPC, será dirigido diretamente ao Tribunal que seria competente para conhecer do recurso principal, por meio de petição que será instruída com os documentos elencados no art. 525 do mesmo Código. Assim, obrigatoriamente, a petição do Agravo de Instrumento será acompanhada de cópias ou certidões da decisão agravada, do despacho da respectiva intimação, das procurações outorgadas aos advogados do agravante e do agravado e mais as razões que justificam o pedido de reforma da decisão. O Agravo de Instrumento será interposto no prazo de 8 dias, contados da data em que a parte foi intimada da decisão que negou seguimento a outro recurso. O preparo do Agravo de Instrumento, que é isento de custas e de depósito, consistirá tão somente no pagamento de emolumentos de autenticação das cópias que o formaram ou de certidões que o tenham instruído.

174. Em se tratando de protesto antipreclusivo ou agravo retido, não haverá qualquer espécie de pagamento, uma vez que o agravo será examinado como questão preliminar do recurso interposto contra a decisão final.

175. O processamento do agravo começará pelo re-exame da questão pelo juiz prolator da decisão agravada, pois esta é hipótese única em que é cabível juízo de retratação. Se este a mantiver, será aberto prazo de 8 dias para que a parte agravada apresente contrarrazões. Depois disso, os autos do Agravo são remetidos ao Tribunal que dele conhecerá. Recebido o Agravo no Tribunal, será este distribuído ao relator que, se entender pertinente, poderá requisitar informações ao juiz da causa (CPC, art. 527, I).

Depois de exarado parecer pelo Ministério Publico do Trabalho, o Agravo será levado a julgamento pelo Tribunal, observando-se o mesmo procedimento do recurso principal, conforme disposto no regimento interno.

176. Se o Agravo for manifestamente infundado, o agravante pagará ao agravado multa de 1% a 10% do valor da causa, conforme previsto no § 2º, do art. 557, do CPC.

177. O Agravo, em princípio, exceto na hipótese do inciso III, do art. 527, do CPC, tem efeito meramente devolutivo e da decisão nele proferida não caberá nenhum recurso.

AGRAVO REGIMENTAL

178. O Agravo Regimental nada mais é que o Agravo de Instrumento, na medida em que é cabível de decisões interlocutórias que negam seguimento a outro recurso. A diferença está em que o Agravo Regimental é processado nos mesmos autos do recurso principal. Denomina-se "Regimental" porque está previsto nos Regimentos Internos dos Tribunais.

179. O Agravo Regimental é processado nos mesmos autos do processo principal porque este já se encontra no Tribunal para o qual o recurso está sendo encaminhado. Assim, por exemplo, se o Presidente do TST nega seguimento a Embargos, não há necessidade de formar instrumento para discutir tal decisão, porquanto os autos do processo já se encontram no TST. A Lei n. 7.701/88 menciona várias hipóteses de cabimento dessa modalidade de agravo como, por exemplo: do despacho do relator que indeferir petição de ação rescisória, do despacho do relator que conceder ou não medida liminar, do despacho do Presidente do Tribunal que conceder efeito suspensivo para outro recurso, do despacho do Presidente que conceder efeito suspensivo em processo de dissídio coletivo.

180. O prazo para apresentação do Agravo Regimental é estabelecido nos Regimentos Internos dos Tribunais. No Agravo Regimental não há contrarrazões nem necessidade de preparo, como também não é admitida sustentação oral na sessão de julgamento. Como no de instrumento, o prolator da decisão recorrida pode exercer o juízo de retratação.

AGRAVO DE PETIÇÃO

181. Como o Agravo de Petição é recurso que só é admitido no processo de execução, dele trataremos no capítulo a ela pertinente.

RECURSO EXTRAORDINÁRIO

182. O Recurso Extraordinário tem por finalidade discutir a constitucionalidade da decisão proferida em qualquer grau de jurisdição e está previsto no art. 102, III, da Constituição Federal. Assim, caberá Recurso Extraordinário das decisões de única ou última instância que:

a) contrariarem expressa e literal disposição constitucional;
b) houver necessidade de declarar inconstitucionalidade de tratado ou de lei federal;
c) julgar válida lei ou ato de governo que contrarie os termos da Constituição.

183. No processo do trabalho o Recurso Extraordinário poderá ser interposto para o TRT quando for proferida decisão inconstitucional em processo de exclusiva alçada das Varas do Trabalho (procedimentos sumários) ou das decisões das SDI, SDC ou Pleno do TST.

184. O prazo para interposição do Recurso Extraordinário é de 15 dias (CPC, art. 508), o seu efeito é exclusivamente devolutivo e, em sendo negado seguimento ao recurso, caberá agravo de instrumento, em 10 dias. No caso do Recurso Extraordinário, as regras quanto ao seu processamento são as do CPC, exceto no que tange ao depósito e pagamento de custas, quando, então, serão observadas as regras da CLT.

RECURSO ADESIVO

185. O Recurso Adesivo é criação do Código de Processo Civil de 1973. O art. 500 daquele diploma dispõe que, sendo vencidos autor e réu (no caso trabalhista, reclamante e reclamado) ao recurso interposto por qualquer deles poderá aderir a outra parte. O Recurso Adesivo é compatível com o processo do trabalho (Súmula n. 175, do TST).

186. O cabimento do recurso adesivo depende de dois requisitos, a saber:

a) que autor e réu sejam, simultaneamente, vencedores e vencidos, ou seja, que a ação tenha sido parcialmente procedente;

b) que a parte pudesse recorrer independentemente da apresentação de recurso pela parte adversa.

187. O Recurso Adesivo, como o próprio nome indica, está grudado ao recurso principal. Assim, se uma das partes interpôs Recurso Ordinário, a outra a ele pode aderir, quer dizer: no prazo das contrarrazões a outra parte pode interpor o mesmo recurso, qual seja, o Ordinário, só que de forma adesiva. Desse modo, se o autor do Recurso Ordinário desistir do apelo, automaticamente ficará sem objeto o recurso adesivo.

188. Ainda que evidente, não há como deixar de dizer que o Recurso Adesivo é incompatível com o Agravo de Instrumento, na medida em que a parte que é agravada não tem interesse a ser resguardado.

CORREIÇÃO PARCIAL

189. A Correição Parcial não é propriamente um recurso mas uma medida que tem por finalidade corrigir desvios de procedimento praticados por juiz de hierarquia inferior. Está prevista no art. 682, XI, e 709, II, da CLT.

190. Os atos sujeitos à Correição Parcial são aqueles que tumultuam o andamento do processo e que são praticados pela autoridade judiciária. São atos contra os quais não cabe recurso algum. Assim, por exemplo, se o juiz não despacha o processo no prazo que lhe assinala a lei, está tumultuando o processo e contra esta omissão não há recurso cabível.

191. A Correição Parcial não está sujeita a preparo e, no mais das vezes, o prazo para a sua interposição é fixado nos regimentos internos dos Tribunais. O pedido de correição parcial não suspende o andamento do processo. O julgamento do pedido é feito pelo Corregedor do Tribunal a que estiver submetida a autoridade que praticou o ato. Da decisão do Corregedor caberá Agravo Regimental para o órgão que for indicado no Regimento Interno do Tribunal.

CAPÍTULO VII

PROCESSO DE EXECUÇÃO

192. O processo de execução consiste em um conjunto de atos que tem por objetivo compelir o devedor a satisfazer o direito reconhecido ao credor. No caso trabalhista, a execução tem por finalidade fazer com que, via de regra, o empregador seja coagido a satisfazer o direito do empregado, reconhecido em título judicial ou extrajudicial.

193. O processo de execução é que dá efetividade ao direito material do credor. Sem execução a decisão judicial ou qualquer outro título que confira direito ao empregado é absolutamente ineficaz.

194. O princípio básico que norteia a execução é de que esta deve ser realizada de modo a melhor satisfazer o direito do credor, com o mínimo de ônus para o devedor. Ou seja: o processo de execução não é mais uma punição ao devedor renitente mas, apenas, um meio de satisfazer o direito do credor, ou, se isso não for possível, pelo menos conceder-lhe benefício equivalente.

195. O processo de execução na Justiça do Trabalho está regulado nos arts. 876 a 892, da CLT. Sendo omissa a CLT, no pertinente ao processo de execução, a fonte formal imediata é a Lei dos Executivos Fiscais (Lei n. 6.830/80) e, supletivamente, ainda, o CPC (CLT, art. 889 e 769).

196. Toda a execução depende de um título, ou seja, de um documento que declare o direito do autor da execução, do exequente. Existem dois tipos de título executivo. O título judicial e o extrajudicial. Título judicial é a sentença ou o termo de transação devidamente homologado pelo juiz do trabalho. Título extrajudicial constitui-se em documento elaborado por uma ou ambas as partes em que consagra-se o direito do reclamante/exequente. Exemplo de título extrajudicial é o acordo coletivo, a convenção coletiva, o termo de ajuste de conduta, o termo de rescisão de contrato de trabalho, o laudo arbitral.

197. Duas são as modalidades de execução: a definitiva e a provisória. Definitiva é a execução que se processa com base em título contra o qual não pode ser oposta nenhuma medida capaz de modificar o seu conteúdo.

É o que acontece com a sentença que transitou em julgado ou com o termo de conciliação homologado em juízo. Provisória é a execução promovida com base em título que pode ser modificado, como ocorre com a sentença que está sujeita a recurso com efeito devolutivo.

198. Constitui requisito do título executivo a certeza e a liquidez, isto é, é indispensável que o direito esteja estampado no título, claro, preciso, induvidável e, ainda, em se tratando de execução de pagar, que o valor venha devidamente apurado. Todo título executivo contém um direito ao qual corresponde uma obrigação por parte do devedor. Tal obrigação pode ser de dar, de pagar, de fazer ou de não fazer. Assim, em que pese os trâmites da execução sejam praticamente os mesmos, é preciso observar que tipo de execução se está processando.

LIQUIDAÇÃO DE SENTENÇA

199. Sempre que a sentença ou o termo de acordo forem ilíquidos, ou seja, que não tenham o valor certo estabelecido, ou não tenham individualizado o objeto da condenação, haverá necessidade de encontrá-lo, o que se faz por meio de um miniprocesso ou processo preliminar a que se denomina de liquidação.

200. Diz o art. 879 da CLT, em seu *caput* que, sendo ilíquida a sentença exequenda, ordenar-se-á previamente a sua liquidação, que poderá ser feita por cálculo, por arbitramento ou por artigos. A CLT, entretanto, não define em que consistem e como se processam estas modalidades de liquidação. Também sobre o tema é omissa a Lei dos Executivos Fiscais, de modo que para que se saiba em que consiste cada tipo de liquidação e quando serão utilizados, necessário reportar-se ao CPC.

201. De acordo com o que estabelece o art. 604 do CPC, far-se-á liquidação por cálculo quando, para encontrar o valor da condenação, forem necessárias simples operações aritméticas. Esta é a mais comum das liquidações no processo trabalhista, tanto que a CLT dela tratou com mais pormenores. Na liquidação por cálculo, então, para que se encontre o valor da condenação bastam contas (somar, multiplicar, subtrair, dividir e, quando muito, alguma regra de três). Assim, se há necessidade de calcular o valor de uma hora extra, basta tomar o salário do empregado, dividir pela jornada de trabalho e, encontrando o valor do salário-hora, acrescer-se a ele o adicional de serviço suplementar estabelecido em lei ou em outro instrumento. Como diz o § 1º, do art. 879, da CLT, na liquidação não se poderá inovar ou modificar a sentença liquidanda e nem discutir matéria pertinente à causa principal. O § 1º, letra "a", do art. 879, prescreve, ainda, que serão objeto da liquidação as contribuições previdenciárias devidas tanto pelo empregado quanto pelo empregador.

202. A liquidação por cálculo terá início quando o juiz, de ofício, ou a requerimento de qualquer das partes, assinar prazo para elaboração das contas. A lei não estabelece o prazo, de modo que o juiz é quem o fixará observando o caso concreto. Elaborados os cálculos por uma ou por ambas as partes, o juiz abrirá prazo à outra para sobre eles se manifestar. Transcorrido o prazo com ou sem manifestação, o juiz julgará a liquidação, dizendo qual o valor do título executivo ou a transformará em diligência caso entenda que os cálculos ofertados não estão corretos. Os cálculos poderão ser realizados, também, pelos órgãos auxiliares da Justiça do Trabalho ou por profissional habilitado a elaborá-los nomeado pelo juiz ("os peritos" — e coloco a palavra entre aspas porque, na verdade, qualquer pessoa pode confeccionar os cálculos, desde que saiba as quatro operações aritméticas e tenha um mínimo de conhecimento jurídico).

203. Diz o § 2º, do art. 879, da CLT, que, elaborada a conta e tornada líquida, o juiz **poderá** abrir às partes prazo sucessivo de 10 dias para impugnação fundamentada com indicação dos itens e valores objeto da discordância, sob pena de preclusão. Esta regra deve ser interpretada com cuidado. Em primeiro lugar, quando a CLT diz "elaborada a conta e tornada líquida" está a referir que a sentença de liquidação já foi prolatada. A expressão "tornada líquida" significa que, depois de elaboradas as contas, o juiz atribuiu valor ao título executivo. Assim, depois de julgados os cálculos de liquidação o juiz "**poderá**" abrir prazo sucessivo às partes para que se manifestem sobre a sentença de liquidação, "**sob pena de preclusão**", isto é, se as partes, no prazo assinado, não apresentarem os itens e valores objeto da discordância, não poderão mais discutir a sentença de liquidação. Por conseguinte, uma vez julgada a liquidação por cálculos, o juiz poderá optar entre duas condutas: ou intima as partes da sentença ou determina, de imediato, a citação do devedor. Se optar pela primeira, havendo ou não impugnações, poderá o juiz, depois da manifestação das partes, dar início à execução, ordenando a citação do devedor para pagamento. Se as partes foram intimadas da sentença de liquidação e sobre ela se manifestaram nos termos do dispositivo citado, poderão rediscuti-la nos embargos à execução (CLT, art. 884, § 3º). Se não houve intimação da sentença de liquidação, esta poderá ser objeto de discussão por ocasião dos embargos à execução (CLT, art. 884, § 3º). Da sentença de liquidação sempre será intimada a União, com prazo de 10 dias (§ 3º, do art. 879, da CLT).

204. Reza o art. 607, do CPC, que a liquidação será realizada por arbitramento quando convencionado pelas partes, quando determinado pela sentença ou, ainda, quando a natureza do objeto da liquidação assim o exigir. Em inúmeros casos há necessidade de arbitramento para liquidação de sentenças trabalhistas. Exemplo disso ocorre, com frequência, nos processos de fixação de preço em contratos de pequena empreitada. É comum nos contratos de pequena empreitada que o ajuste seja feito verbalmente.

Quando surgem problemas acerca do cumprimento do contrato, em inúmeros casos o juiz precisa arbitrar ou nomear árbitro para que estabeleça o valor do preço da empreitada; outras vezes isso ocorre em relação ao salário do empregado, quando o contrato de trabalho foi estabelecido verbalmente (CLT, art. 460).

205. A liquidação por artigos acontecerá quando houver necessidade de provar fato novo (CPC, art. 608). Na liquidação por artigos, conforme preceitua o art. 609 do CPC, formar-se-á um verdadeiro processo de conhecimento. Exemplificando: a sentença deferiu ao reclamante horas extras, porém, não estabeleceu o número de horas suplementares trabalhadas. Em casos como este, há necessidade de, antes de elaborar contas, fixar o número de horas extras laboradas, ou seja, provar alguma coisa, demonstrar a quantidade de horas suplementares trabalhadas. Para isso, poderão ser utilizados todos os meios de prova admissíveis no processo de conhecimento — documentos, testemunhas, perícias, etc. Só depois de quantificadas as horas extraordinárias é que serão elaboradas as contas. Haverá, então, duas sentenças de liquidação no mesmo processo — a que julgou os artigos e a que julgou os cálculos — que serão objeto de impugnação nos embargos à execução, observando-se em relação à segunda sentença a norma do § 2º, do art. 879, da CLT.

206. Em se tratando de obrigações de fazer e não fazer, em princípio não haverá liquidação de sentença. Necessário, entretanto, distinguir as obrigações fungíveis das infungíveis. Por obrigação fungível se entende aquela que pode ser cumprida por terceiro, às custas do devedor e, ao contrário, por obrigação infungível aquela que tem que ser cumprida pelo próprio devedor. A primeira é impessoal, podendo, por conseguinte, ser atendida por terceiro, às custas do devedor, ou transformada em indenização. A segunda é personalíssima e, necessariamente há de ser cumprida pelo próprio devedor. É o que ocorre, por exemplo, com as férias, conforme previsto no art. 137, § 2º, da CLT. Só o empregador é quem pode cumprir o dever de conferir as férias ao empregado. Assim, se, apesar da sentença determinar o cumprimento da obrigação, o devedor a descumpre, o juiz cominará pena diária pelo atraso, até que as férias sejam proporcionadas. O mesmo ocorre na hipótese prevista no art. 729, da CLT. Esse tipo de penalidade é conhecida no Direito Processual pelo nome originário do Direito Francês — "astreintes".

CITAÇÃO E PENHORA

207. Conforme dispõe o art. 878, da CLT, a execução poderá ser promovida por qualquer interessado, ou *ex officio* pelo juiz. Serão executadas necessariamente *ex officio* as contribuições sociais devidas por força da decisão proferida ou do acordo homologado judicialmente. A legislação

previdenciária prevê, inclusive, a responsabilidade pessoal do juiz pela cobrança das contribuições devidas.

208. É competente para a execução o juiz prolator da decisão ou aquele que homologou a transação. Em se tratando de título executivo extrajudicial será competente o juiz que teria competência para o processo de conhecimento relativo à matéria (CLT, arts. 877 e 877-A).

209. O processo de execução tem início com a citação do reclamado. Citação é o ato pelo qual o juiz dá ciência ao devedor de que deverá cumprir o mandamento do título executivo. A citação é pessoal e será feita por oficial de justiça e ao devedor será concedido prazo de 48 horas para que cumpra a obrigação, ou garanta a execução, sob pena de penhora (CLT, art. 880). Se o devedor opuser obstáculos à citação, esta será realizada por edital, que será publicado no jornal oficial ou, na falta deste, na sede da Vara ou juízo durante 5 dias.

210. No prazo de 48 horas, contados da citação, o devedor poderá cumprir a obrigação ou, se esta for de pagar, quitar a dívida por meio de depósito ou oferecer bens à penhora. Em optando o devedor por ofertar bens à penhora, deverá observar a ordem prevista no art. 11 da Lei n. 6.830/80. Se o devedor não oferecer bens à penhora ou se, ao ofertá-los, não observar a ordem, o direito de indicar bens a serem constritos transfere-se para o credor, que não tem obrigação de obedecer a ordem de preferência anteriormente referida.

211. Não realizado o pagamento ou não ofertados bens, será realizada penhora de tantos quantos bastem para satisfazer o direito do credor. Ao realizar a penhora, o oficial de justiça, exceto naqueles casos em que o devedor os indicou regularmente, lavrará o auto respectivo, descrevendo minuciosamente o bem, indicando o seu estado de conservação e avaliando-o, ou seja, atribuindo-lhe um valor. Realizada a penhora, credor e devedor dela serão intimados, dispondo ambos de 5 dias para opor impugnação ou embargos (CLT, art. 884).

212. A matéria sobre a qual poderão versar os embargos ou a impugnação do credor é aquela veiculada nos parágrafos do art. 884 da CLT. Assim, o devedor poderá embargar a execução alegando cumprimento da obrigação, quitação ou prescrição. A prescrição a que se refere o dispositivo é a prescrição da execução e não aquela que deveria ter sido alegada na fase de conhecimento. Haverá prescrição da execução sempre que o credor demonstrar desinteresse. Assim, se o juiz intima o credor para que indique bens à penhora e este fica inerte durante 2 anos, pode-se dizer que ocorreu a prescrição da execução. É evidente que não correrá prazo prescricional se o credor, mesmo desconhecendo o paradeiro do devedor ou de seus bens, manifestar interesse em localizá-los oportunamente. Também poderá ser objeto dos embargos a impugnação à sentença de liquidação, isto se o devedor não deixou precluir o seu direito, conforme salientado anteriormente.

213. Relativamente ao exequente, a impugnação, nos mesmos moldes em que se aplica ao reclamado/executado, poderá versar sobre a liquidação ou sobre a penhora e avaliação dos bens. Assim, se o credor não concorda com a sentença de liquidação ou se discorda da penhora ou da avaliação, poderá insurgir-se no prazo de 5 dias, contados da data em que foi intimado da constrição dos bens.

214. Realizada a penhora, o oficial de justiça nomeará depositário para os bens, recaindo tal nomeação preferencialmente na pessoa do devedor. Se, entretanto, não for recomendável que o devedor permaneça na posse dos bens penhorados, poderá o próprio oficial ou o juiz nomear outro depositário, que prestará o compromisso de conservá-los no estado em que os recebeu e de restituí-los ou entregá-los a quem for designado pelo juiz nas mesmas condições.

215. Os embargos e a impugnação, assim como eventual objeção da União ao crédito previdenciário, serão julgados na mesma sentença (CLT, art. 884, § 4º).

AGRAVO DE PETIÇÃO

216. Julgados os embargos e as impugnações, as partes serão intimadas da sentença respectiva. Feita a intimação, fluirá o prazo de 8 dias para apresentação do único recurso cabível na fase executiva, que é o Agravo de Petição (CLT, art. 897, a).

217. Como os demais recursos, o Agravo de Petição é apresentado ao juiz que prolatou a decisão recorrida e, necessariamente, o juízo deverá estar garantido com depósito ou com penhora. Em se tratando de obrigação de pagar, o agravante deverá indicar os itens e valores objeto da discordância, permitida a execução definitiva da parte incontroversa nos próprios autos ou por carta de sentença (CLT, art. 897, § 1º). Se a irresignação versar apenas sobre as contas de créditos previdenciários, será formada carta de sentença nos moldes previstos no § 8º, do art. 897, da CLT).

218. Recebido o agravo, será aberto prazo de 8 dias para que a parte adversa ofereça contrarrazões e, após, os autos serão remetidos ao TRT. No Tribunal, o agravo será distribuído, será designado um relator e um revisor e será levado à pauta de julgamento do mesmo modo que os demais recursos. Da decisão proferida em Agravo de Petição só caberá Recurso de Revista para o TST, se a decisão recorrida houver afrontado dispositivo constitucional ou for contrária à Súmula do Superior Pretório Trabalhista.

219. No Agravo de Petição não há preparo porque o juízo já está garantido com penhora ou com depósito.

TRÂMITES FINAIS DA EXECUÇÃO

220. Esgotados os recursos da fase executiva, os bens penhorados serão levados à arrematação, que será anunciada por edital afixado na sede do juízo ou Tribunal e publicado no jornal local, se houver, com antecedência de 20 dias. A arrematação far-se-á no dia, hora e lugar anunciados e os bens serão vendidos pelo maior lance, tendo o exequente preferência para a adjudicação (CLT, art. 888).

221. O arrematante deverá garantir o lance depositando um sinal de 20% do seu valor, dispondo de 24 horas para completar o valor do lance, sob pena de perder o valor depositado, que reverterá em benefício da execução.

222. Se no leilão não houver licitantes e o credor não requerer a adjudicação, os bens serão vendidos por leiloeiro nomeado pelo juiz (CLT, art. 888, § 3º).

223. Dos diversos parágrafos do art. 888 da CLT pode-se concluir que no processo de execução na Justiça do Trabalho serão realizados dois leilões: o primeiro por intermédio do oficial de justiça e os bens não poderão ser arrematados por valor inferior ao de avaliação; o segundo será promovido por leiloeiro, nomeado pelo juiz, e os bens serão vendidos pelo valor do maior lance ainda que inferior ao da avaliação. Em ambos, o arrematante deverá depositar o sinal de 20%, devendo completar o valor do lance em 24 horas. A adjudicação só é possível no primeiro leilão e o credor/exequente adjudicará os bens pelo valor de alienação ou, no mínimo, de avaliação.

224. É possível, ainda, porque a CLT é omissa, ocorrer a remição dos bens, nos termos previstos nos arts. 787 e seguintes do CPC.

225. Depois de arrematados, adjudicados ou remidos os bens, será lavrado o respectivo auto, ficando perfectibilizada a alienação. Qualquer interessado, não estando de acordo com o ato de alienação, poderá dele recorrer e o recurso cabível será o Agravo de Petição, porquanto o auto de alienação é homologado pelo juiz; é ato decisório praticado na fase de execução.

226. Resolvidas as questões acerca da alienação dos bens penhorados, serão expedidas, conforme o caso, cartas de arrematação, de adjudicação ou de remição, documento que transferirá a posse e a propriedade dos bens alienados a quem de direito, pagando-se com o produto da venda o exequente/credor.

EXECUÇÃO PROVISÓRIA

227. Como registrado anteriormente, nenhum recurso trabalhista tem, em princípio, efeito suspensivo. Diante disso, é possível que, proferida decisão de mérito, a sentença possa ser executada, provisoriamente, de

imediato. É o que declara o § 2º, do art. 893 da CLT. E como se fará tal execução? A resposta é simples: do mesmo modo como se realiza a execução definitiva. O que não pode acontecer é de, na execução provisória, satisfazer-se o direito do credor. Todos os demais atos executórios podem ser praticados, adiantando-se, assim, a execução definitiva do julgado, que será processada depois do trânsito em julgado da sentença exequenda.

228. Em se tratando de execução de pagar, a liquidação poderá ser realizada, o executado poderá ser citado, a penhora poderá ser realizada, os embargos e impugnações poderão ser oferecidos, o agravo de petição poderá ser interposto e os bens poderão ser levados a hasta pública, conforme previsto no art. 686, V, do CPC. O que não poderá acontecer é a expedição da carta de arrematação e nem o pagamento do credor, que ficarão na dependência do trânsito em julgado da decisão exequenda.

229. Relativamente às obrigações de fazer e não fazer, a execução provisória é mais complicada. Se, por exemplo, o empregador foi condenado a reintegrar o empregado no serviço, o retorno do trabalhador às suas funções não pode ser realizado provisoriamente, porquanto isto importaria em satisfação do direito consagrado no título executivo. Pode o juiz, entretanto, determinar que os salários sejam depositados em juízo até que transcorra em julgado a decisão que determinou o retorno do trabalhador à atividade.

CAPÍTULO VIII

DISSÍDIOS COLETIVOS

230. Ocorre o dissídio coletivo quando há conflito acerca de interesses abstratos de categorias profissionais e econômicas ou de grupo de empregados e empregador em que se discute pretensões abstratas dos trabalhadores e patrões.

231. O dissídio coletivo nada mais é que um processo judicial, de competência dos Tribunais, que tem por finalidade solucionar os conflitos abstratos de interesse de trabalhadores e patrões objetivando estabelecer normas e condições de trabalho aplicáveis no âmbito de representação das entidades envolvidas.

232. A diferença entre dissídio individual e dissídio coletivo está em que, no dissídio individual o interesse em disputa é pessoal, particular e está previsto em norma jurídica preexistente. Exemplificando: Se o empregador não proporcionou férias ao empregado, só ao trabalhador interessa o processo que vise ao exercício do direito. Nos dissídios coletivos o interesse é abstrato e diz respeito a um grupo de trabalhadores ou de empresas, isto é, o interesse em jogo é produto da vontade da maioria dos sujeitos que integram categorias profissionais ou categorias econômicas. Em outras palavras: se uma categoria profissional pretende haver um reajuste de salários dos empregadores, o que prevalecerá relativamente ao aumento a ser reivindicado é a vontade da maioria do grupo; assim, a vontade daqueles que desejavam 20% de reajuste se submeterá à da maioria que deliberou buscar reajuste de 5%.

233. A finalidade dos dissídios coletivos é obter uma sentença normativa. Dispõe o § 2º, do art. 114 da Constituição Federal que a Justiça do Trabalho tem competência para decidir conflitos coletivos de natureza econômica quando, então, exercerá o poder normativo, ou seja, respeitando as disposições mínimas de proteção ao trabalho, poderá criar, modificar ou extinguir regras e condições de trabalho no âmbito de representação dos envolvidos no dissídio. De bom alvitre salientar que, na redação da CF de 1988, a Justiça do Trabalho não tem mais competência normativa para dirimir conflitos coletivos de natureza jurídica, ou seja, aqueles em que a discussão cinge-se

à interpretação de regra preexistente e de aplicação compulsória no âmbito de representação dos litigantes. A sentença normativa, portanto, não passa de uma "lei" de vigência e eficácia restrita ao âmbito de representação dos litigantes.

234. A competência normativa é exclusiva dos Tribunais Trabalhistas, Nem o STF possui tal competência. Todos os órgãos do Poder Judiciário aplicam regras jurídicas preexistentes. Apenas os Tribunais Trabalhistas é que podem criar regras jurídicas.

235. Partes nos dissídios coletivos serão os Sindicatos de trabalhadores e os Sindicatos de empresas ou as empresas individualmente consideradas. É por isso, por exemplo, que a Confederação Nacional dos Bancários instaura processo de dissídio coletivo não só contra a Federação Nacional dos Bancos como também contra o Banco do Brasil S/A. Na primeira hipótese, julgando o conflito coletivo, o TST estará estabelecendo regras que serão aplicadas aos bancários empregados de quaisquer bancos existentes no país e, no segundo, apenas aos empregados do Banco do Brasil S/A.

236. Os processos de dissídio coletivo têm início com representação escrita dirigida ao Presidente do Tribunal, na qual são identificados o suscitante (aquele que propõe a ação) e o suscitado ou suscitados (aqueles contra quem a ação é dirigida), os motivos das reivindicações e as bases para conciliação (CLT, art. 858). O dissídio coletivo poderá ser instaurado, ainda, a requerimento do Ministério Público do Trabalho nos casos em que houver suspensão do trabalho (greve), conforme preceitua o art. 856, da CLT.

237. O processo de dissídio coletivo deverá ser instaurado dentro dos 60 (sessenta) dias anteriores ao termo final de vigência de acordo, convenção ou sentença normativa (CLT, art. 616, § 3º), quando, então, as novas regras estabelecidas no processo terão validade a partir do término de vigência do instrumento coletivo revisado. Caso o processo seja instaurado após o prazo, as novas normas coletivas terão vigência a partir do ajuizamento da ação coletiva. O Sindicato autor da ação coletiva deverá comprovar que está autorizado a ajuizar o processo por assembleia geral da categoria, bem como que foram frustradas as negociações ou arbitragem. Deve acompanhar a inicial, cópia do instrumento coletivo revisando.

238. Recebida e protocolada a petição inicial, o Presidente do Tribunal designará data de audiência, em no máximo 10 dias, para tentativa de conciliação (CLT, art. 860). Havendo acordo, o Presidente submeterá o mesmo à homologação do Tribunal na primeira sessão (CLT, art. 863). Homologado o acordo, não caberá nenhum recurso, exceto se houver exclusão de alguma cláusula. O Tribunal não poderá homologar cláusulas que contrariem a Constituição, a lei ou precedentes da SDC do TST. No processo de dissídio coletivo não há arquivamento do feito por ausência do suscitante à audiência e nem revelia e confissão do suscitado.

239. Apesar de não haver previsão expressa é necessária a formação do contraditório nos processos de dissídio coletivo. Desse modo, há necessidade de, em não havendo acordo, o Presidente do Tribunal assinar prazo para que o suscitado apresente a sua contestação. Alguns Regimentos Internos de Tribunais estipulam prazo para a apresentação de defesa.

240. Nos processos de dissídio coletivo não há instrução, ou seja, não há fase probatória, até porque não há direito a ser comprovado. Quando muito, se houver alguma questão de fato em discussão o Presidente do Tribunal poderá nomear perito ou realizar inspeção.

241. Conforme previsto no art. 866 da CLT, o Presidente do Tribunal poderá delegar ao juiz da Vara do Trabalho onde as partes têm sua base territorial a incumbência de realizar a tentativa de conciliação e alguma outra providência que entenda necessária.

242. Depois de oferecida a defesa e realizadas as diligências necessárias o Tribunal julgará o processo fixando as regras e condições de trabalho que serão aplicadas no âmbito de representação das partes. O acórdão que julgar o dissídio coletivo deverá ser publicado. A sentença normativa, transcorrido o prazo para recurso, fará coisa julgada, estando, porém, sujeita a ação revisional, de acordo com o que estipulam os arts. 873 e 875, da CLT, e será aplicada a todos os integrantes das categorias profissional e econômica envolvidas no dissídio, independentemente de serem ou não associados das entidades sindicais que participaram do processo. O prazo de vigência da sentença normativa não poderá ser superior a 4 anos (CLT, art. 868). O recurso cabível contra a sentença normativa é o ordinário, no prazo de 8 dias e, ao contrário da regra geral, com efeito suspensivo, conforme art. 14 da Lei n. 10.192/2001.

CAPÍTULO IX

PROCEDIMENTOS CAUTELARES NA JUSTIÇA DO TRABALHO

243. Diz-se que o processo é cautelar quando o seu objetivo é o de resguardar um outro processo, seja ele de conhecimento ou de execução. No processo de conhecimento a finalidade é reconhecer a existência de um direito; no processo de execução o objetivo é fazer cumprir um direito já consagrado; no processo cautelar a finalidade é a de prevenir a eficácia de um processo de conhecimento ou de execução.

244. A legislação trabalhista desconhece o processo cautelar. Como este é compatível com os princípios que orientam o processo do trabalho, aplica-se, então, o CPC. Aliás, para não dizer que a CLT é totalmente omissa sobre medidas cautelares há que registrar a regra do art. 659, IX, da CLT, por meio da qual o juiz pode deferir medida liminar, até decisão final do processo, em reclamações que visem a tornar sem efeito transferência disciplinada pelos parágrafos do art. 469, da CLT.

245. A compatibilidade das medidas cautelares prevista no CPC com o processo trabalhista é flagrante. O processo do trabalho objetiva dar eficácia ao Direito Material do Trabalho e assim fazê-lo com o máximo de celeridade e segurança possíveis. Desse modo, as ações cautelares, porque visam a prevenir a eficácia de outras ações ou processos, não podem ser olvidadas pelo processo trabalhista. Explicitando os objetivos das ações cautelares deve-se dizer que estas têm por objeto prevenir uma ação de cognição, a proteção de provas e a eficácia da execução.

246. O processo cautelar pode ser antecedente ou incidente com a ação principal. Assim, por exemplo, é possível que, mesmo antes de movida a ação principal (reclamatória trabalhista), o reclamante ingresse com a medida denominada "produção antecipada de prova". Com o processo em andamento, pode o autor pleitear, incidentalmente, arrestos, sequestros, etc.. De salientar que a medida cautelar assenta no princípio do *fumus boni juris*, ou seja, a existência da possibilidade de lesão grave e de difícil reparação ao direito da parte. Prescreve o art. 804, do CPC, que "é lícito ao juiz conceder liminarmente ou após justificação prévia a medida cautelar, sem ouvir o réu,

quando verificar que este, sendo citado, poderá torná-la ineficaz, caso em que poderá determinar que o requerente preste caução real ou fidejussória de ressarcir os danos que o requerido possa vir a sofrer.

247. Tratando-se de processo preparatório ou que vise à segurança de outra ação, esta última (a ação principal) deve ser proposta dentro de 30 (trinta) dias, contados da efetivação da medida cautelar (CPC, art. 806). A medida cautelar conservará sua eficácia durante o prazo antes referido e na pendência do processo principal. Pode, porém, ser revogada ou modificada a qualquer tempo pelo próprio juiz que a deferiu (CPC, art. 807). A ação cautelar será intentada em autos apartados, que serão posteriormente apensados aos autos da ação principal.

248. Proposta a ação cautelar por meio de petição com os requisitos indicados no art. 801, do CPC, o réu será citado para respondê-la, independentemente da concessão de medida liminar. O prazo para apresentação da contestação é de 5 dias (CPC, art. 802). Contestada a ação, o juiz designará audiência de instrução e julgamento, quando, também, diante do princípio próprio do Direito Processual Trabalhista, deverá instar as partes à conciliação. Produzidas as provas, o feito será julgado. Da sentença que julgou ação cautelar caberá Recurso Ordinário, no prazo de 8 dias.

249. O CPC prevê procedimentos cautelares específicos — arts. 813 a 888 — e inominados (art. 798). Todos os procedimentos cautelares podem ser utilizados no processo do trabalho, tanto os nominados quanto os inominados. O importante é que exista, no caso concreto, a possibilidade de lesão grave e de difícil reparação a direito do requerente.

APÊNDICE

REFORMA DO DIREITO MATERIAL E PROCESSUAL DO TRABALHO

Será que é necessário corrigir o Direito Material e o Processual do Trabalho? Com a devida vênia de quem pense em sentido contrário, parece-me que não há necessidade de reformar nenhum dos dois. O que é preciso é adaptá-los aos novos tempos, sem perder de vista os princípios que orientam um e outro. Assim, tenho a pretensão de sugerir algumas modificações que não negam a essência de nenhum deles.

Começo pelo Direito Material do Trabalho. O princípio da tutela que o inspira não pode ser alterado, sob pena de retrocesso. Se com o Direito Material do Trabalho que temos ainda restam vestígios de trabalho escravo, é impossível pretender-se a aplicação de regras liberais no âmbito da legislação trabalhista. As normas de proteção inscritas na Constituição Federal não podem ser mexidas salvo uma exceção. Se possível, o que se deve fazer é ampliar o elenco de direitos deferidos aos hipossuficientes. Talvez se possa introduzir pequenas modificações no que já existe. Por conseguinte, apresento algumas sugestões, com as devidas justificativas, de pequenas adaptações aos tempos contemporâneos de regras que existem no Direito do Trabalho desde que este, pelo menos no Brasil, passou a constituir-se em ramo autônomo do Direito.

A Carta Constitucional de 1988 reconhece os acordos e convenções coletivas como instrumentos de realização do Direito do Trabalho, permitindo, até mesmo que, por meio deles, certos direitos básicos sejam temporariamente suprimidos. Pois bem: é hora de estimular categorias profissionais e econômicas a lançarem mão dessas ferramentas para aperfeiçoar o Direito Material do Trabalho. Aspectos como horário de trabalho, participação dos empregados no lucro das empresas, garantia de emprego, aviso prévio proporcional, redução de jornada de trabalho, etc. devem e podem ser aperfeiçoados por meio de instrumentos coletivos. É preciso tolerar, principalmente a jurisprudência, que os trabalhadores negociem com as empresas as suas condições de labor e chego ao ponto de entender que, se forem respeitados os direitos mínimos, a negociação possa ser feita individualmente. Não há razão para impedir, por exemplo, que um médico contrate com o empregador uma jornada de 24 horas, em regime de plantão, uma vez por semana. A jornada semanal está cumprida com um único dia de trabalho e o trabalhador poderá, inclusive, exercer a sua profissão em outra empresa ou de forma liberal. Isto tem sido costume de longa data em trabalhadores da área da saúde e, em assim fazendo, muitas vezes os empregadores são condenados pela Justiça do Trabalho a pagar, como extras, as horas excedentes à jornada diária prevista em lei. Isto não traz prejuízo para ninguém. O estabelecimento de saúde terá que contratar mais médicos e os médicos poderão trabalhar em mais de um local. Revogue-se, portanto, o limite estabelecido no *caput* do art. 59 da CLT, permitindo a compensação horária que for ajustada pelas partes, respeitada a duração semanal do trabalho e observados os intervalos de repouso intra e entre jornadas, bem como o semanal. Se não houver regime de compensação, fixado por contrato individual ou coletivo, o empregador que arque com a remuneração das horas extras em percentual de, pelo menos, 100% (cem por cento), pois assim se desestimula as prorrogações de jornada. Tais prorrogações, salvo ajuste compensatório, só poderiam ser realizadas em caso de necessidade imperiosa ou de força maior e, ainda assim, como o risco da atividade é do empregador, que seja ele o responsável pelo pagamento de horas extras com percentual elevado.

A garantia de emprego, ainda que não nos moldes tradicionais da CLT é imperativo que seja regulamentada, ou por lei, o que já deveria ter sido feito, ou por contratos individuais ou coletivos de trabalho. É indispensável que o trabalhador disponha de alguma segurança relativamente ao seu emprego, pois é dele que extrai o salário que sustenta a si próprio e à sua família. Poder-se-ia pensar em algo semelhante ao que está previsto no art. 165 da CLT.

O aviso prévio proporcional é outra instituição de extrema relevância, em especial para os trabalhadores mais velhos. É sabido que o mercado de trabalho tende a admitir trabalhadores jovens e sem maiores compromissos de vida, porquanto ficam satisfeitos com salários mais baixos. Os trabalhadores com mais idade, com mais experiência, com maiores compromissos familiares têm mais dificuldade de encontrar serviço, até porque querem ganhar salários mais altos. Desse modo, a proporcionalidade do aviso prévio, em caso de despedida imotivada, ou mesmo motivada, desde que não seja pela prática de falta grave, deve ser estabelecida de tal forma que o empregado desfrute de tempo maior para conseguir uma outra colocação. A fixação do número de dias de aviso prévio deve levar em conta a idade e o tempo de serviço do trabalhador na empresa. Assim, um critério razoável seria, por exemplo, fixar que os trabalhadores com mais de 40 anos teriam o aviso prévio de 30 dias acrescido de 1 dia a cada mês trabalhado na mesma empresa.

O empregado faz parte de uma engrenagem que o patrão utiliza para atingir os seus fins. No mundo capitalista moderno, não só as empresas visam o lucro. Instituições sem fins lucrativos debatem-se para obter superávit em seus orçamentos. Ora: o trabalhador contribui decisivamente para que os objetivos do empregador sejam alcançados. Assim, nada mais justo que repartir entre os trabalhadores parte do lucro ou superávit. Aqui, me parece que os métodos e os critérios para repartição de lucros e superávits devem ser estabelecidos por contrato coletivo. A lei, no caso, apenas fixaria um valor ou um critério mínimo de participação. A integração dos trabalhadores na gestão da empresa não me parece coisa razoável e nem lógica dentro do sistema jurídico pátrio. Se apenas o empregador é quem responde pelos riscos do empreendimento, nada mais justo que confiar ao patrão e exclusivamente a ele, exceto se o próprio assim entender diferente, a administração do negócio. Ao empregado incumbe a tarefa de trabalhar. A gestão do negócio é exclusivamente do patrão. Deve ser banida da Constituição a regra pertinente à participação dos trabalhadores na gestão da empresa, até porque isto tem sido letra morta no nosso Direito Trabalhista. Não passa de uma norma demagógica.

Uma outra questão importante, ainda que não ligada diretamente ao Direito do Trabalho, mas que com ele tem íntimas relações é a de alguns benefícios previdenciários. Reporto mais explicitamente ao auxílio-doença e auxílio-doença acidentário. Pelo sistema vigente, o trabalhador enfermo ou acidentado que perde, temporariamente, a sua capacidade laborativa, receberá do INSS um dos benefícios. Qualquer um do povo sabe e vê a *via crucis* desses trabalhadores, que enfrentam longas filas nas agências do órgão previdenciário para pleitear o benefício. Assim como acontece com o salário-família e com o salário-maternidade, que são pagos diretamente pela empresa, e cujos valores são abatidos da guia de recolhimento das contribuições para a Previdência, o mesmo poderia ser feito com os auxílios-doença. Muitas empresas contam com serviços médicos próprios ou conveniados; estes serviços poderiam aferir as condições de saúde do trabalhador e atribuir o período de gozo do benefício; a empresa pagaria o benefício diretamente ao trabalhador e abateria o montante respectivo da guia de recolhimento das contribuições previdenciárias. O cálculo do benefício poderia ser feito, precariamente, pelo próprio empregador. Posteriormente, o INSS faria o cálculo definitivo e as contas seriam acertadas. Se o empregado recebeu a mais, compensar-se-ia o excesso com os salários de meses subsequentes; se recebeu a menos, o empregador lhe pagaria o que faltou e abateria o montante da guia de contribuições para a Previdência. Não é assim que acontece com o Imposto de Renda Retido na Fonte?

Poder-se-ia, também, estender aos empregados domésticos os direitos a FGTS e seguro-desemprego, o que hoje é facultativo e, portanto, de raríssima aplicação. Para beneficiar o empregador doméstico e estimular a concessão do FGTS, os valores correspondentes poderiam ser abatidos do Imposto de Renda.

Estas são, por enquanto, algumas pequenas providências que poderiam ser tomadas para melhorar o nosso Direito Material do Trabalho.

Relativamente ao Direito Processual do Trabalho penso que pouco se há de mudar. O processo trabalhista prima pela simplicidade o que, sem dúvida, deve ser preservado. Entretanto, ouso sugerir algumas pequenas modificações.

A primeira alteração que me parece importante diz respeito à primeira proposta conciliatória que o juiz deve produzir. No momento, a CLT determina que esta proposta seja realizada antes de o reclamado apresentar sua defesa. Ora, o poder de persuasão do juiz é muito menor se ele ainda não conheceu o contraditório. Propor acordo com a visão dos acontecimentos apresentada apenas por uma parte é mais difícil. Já, depois de formado o contraditório, é mais fácil para o juiz sugerir alguma transação, pois também já ouviu as alegações da parte reclamada. Por isso, penso que a primeira proposta de conciliação deve ser feita depois que o reclamado contestar a ação.

A segunda sugestão é no sentido de que se adote um único procedimento na Justiça do Trabalho. De acordo com a lei vigente, todos os procedimentos são iguais no que diz respeito aos atos que devem ser praticados. O que distingue um dos outros ou é o número de testemunhas, ou o que vai ser transcrito na ata de audiência e alguns outros pequenos detalhes. Penso que, como todos os procedimentos exigem audiências unas, isto é, contínuas, só podendo ser adiadas por motivo relevante, poder-se-ia ter um único procedimento, independentemente do valor da causa. Poder-se-ia adotar, por exemplo, o procedimento ordinário, ou o procedimento sumaríssimo, com as características que já têm. O importante é que os juízes zelem para que as audiências sejam efetivamente unas, pois assim os processos serão resolvidos com maior agilidade. Em princípio, não há motivo para fracionar-se a audiência. Qualquer operador do processo trabalhista sabe que a maioria dos casos que chegam à Justiça do Trabalho são singelos, não exigindo do juiz um esforço intelectual muito grande para solucioná-los. Muitas vezes, com o simples depoimento pessoal das partes as questões de fato já ficam esclarecidas, basta que o magistrado tenha, antecipadamente, lido a petição inicial e a contestação. Um interrogatório objetivo resolve quase todas as questões. O exame de documentos pode ser feito por amostragem, sendo desnecessário nomear peritos para confrontá-los. É claro que, em causas mais complexas, muitas vezes é necessário deferir prazo para que as partes examinem documentos, para que se realizem perícias, para que sejam tomadas, enfim, todas as providências que formarão o livre convencimento do juiz.

Com os meios modernos de documentar atos, por que não gravar, por meio de áudio ou vídeo as audiências? O investimento nesse tipo de tecnologia não deve ser tão alto. Afinal, hoje em dia a Justiça do Trabalho já está toda informatizada. Um gravador de vídeo ou de áudio não constituiria um empecilho maior para documentar uma audiência.

A lei já é assim, mas os juízes, em sua grande maioria, não atuam assim. A sentença deve ser proferida no prazo legal. É inadmissível que o Judiciário exija que os advogados cumpram prazos quando o juiz não os cumpre. Isto constitui matéria disciplinar, ou no mínimo, um defeito de formação do juiz. Em consequência, as Corregedorias deveriam educar os juízes, habituando-os a julgar no prazo. A não marcar sentenças *sine die*. As pautas devem ser organizadas de modo que o juiz possa julgar todos os processos que a compõem. De nada adianta marcar 20 audiências num determinado dia e resolver meia dúzia com conciliações e adiar todos os demais. É preferível constituir a pauta com cinco processos mas resolver todos eles, se possível com apreciação de mérito. De nada adianta o juiz resolver o processo. É preciso que solucione o conflito, com ou sem transação entre as partes.

A sentença deve ser um ato de justiça. O juiz pode e deve aplicar a lei mas, ao fazê-lo, precisa agir com razoabilidade. Qualquer juiz sabe que muitas demandas não encontram solução pura e simplesmente na lei. Ao proferir a sentença o magistrado deve pensar, simultaneamente, como vai executá-la. Sentença inexequível é apenas um pedaço de papel que a parte levará para casa, colocará numa moldura, e fixará na parede da sala como adorno indesejável, como símbolo de sua frustração com a Justiça. Para ilustrar vou contar um caso que ocorreu comigo: presidia eu a 2ª Junta de Conciliação e Julgamento de Rio Grande, RS. Certo dia um rapaz apresentou uma reclamatória contra um charreteiro, pessoa que possuía uma carroça e um cavalo, e que trabalhava fazendo fretes. O rapaz era ajudante do charreteiro. Trabalharam juntos por aproximadamente dois anos, ao fim dos quais se desentenderam, motivo pelo qual o rapaz acionou o charreteiro pleiteando o pagamento de verbas rescisórias, indenização de seguro-desemprego, horas extras, adicional de insalubridade, recolhimento de contribuições previdenciárias, anotação da CTPS, etc. O charreteiro negou a relação de emprego. Só com os depoimentos pessoais percebi que o vínculo empregatício existira. Tentei, com inúmeros argumentos, conciliar as partes. Não deu certo. Foram ouvidas algumas testemunhas que confirmaram o que já se sabia. Final da história. Para dar uma sentença justa, tive que inventar. Reconheci a relação de emprego, condenei o charreteiro a anotar a CTPS do rapaz e a pagar-lhe o que pedia, porém, impus uma condição: como o charreteiro não tinha patrimônio, a não ser a carroça e o cavalo, determinei que estes fossem entregues ao rapaz como pagamento da dívida. Entretanto, o rapaz deveria manter o charreteiro como seu auxiliar pelo mesmo período em que assim trabalhara. Resultado: as partes compuseram o litígio amigavelmente. Ia esquecendo: proferí a sentença oralmente, em audiência. O acordo aconteceu na mesma audiência, depois de proferida a decisão.

Ainda sobre a sentença e com a finalidade explícita de reduzir os litígios trabalhistas. O art. 114 da Constituição confere à Justiça do Trabalho competência para executar penalidades administrativas impostas aos empregadores pelos órgãos de fiscalização do Ministério do Trabalho. Seria de todo conveniente e seguindo a orientação da Carta Magna, conferir à Justiça Especializada a competência para impor multas administrativas, independentemente das processuais, aos empregadores que descumprem a legislação do trabalho. Muitos empregadores não podem cumprir a lei trabalhista, como no caso que anteriormente referi. Muitos, entretanto, podem, mas não querem cumprir a legislação do trabalho. Estes, acham um excelente negócio dever na Justiça do Trabalho e aplicar o seu capital no mercado financeiro. É a estes que a Justiça do Trabalho deve aplicar multas administrativas, além de sanções processuais, pois usam o processo como um meio de retardar o cumprimento de suas obrigações. Os juízos trabalhistas estão abarrotados de processos desse tipo. Contra os renitentes a Justiça Trabalhista deve agir com o máximo rigor. Aliás, dever-se-ia cobrar no processo trabalhista os juros de mercado, para desestimular os maus patrões a fazerem troça da Justiça, a interporem dezenas de recursos. É preciso acabar com a indústria do litígio judicial, em qualquer área que ele ocorra, penalizando quem quer que seja que use o Judiciário para fins espúrios.

Para dar maior rapidez à solução de recursos nos Tribunais, penso que deveria ser alterada a ordem de julgamento dos apelos. Os Regimentos Internos deveriam regulamentar a pauta de julgamento. Os processos mais simples teriam preferência de pauta, não que se relegue os mais complexos. As pautas poderiam ser organizadas com um número maior de processos singelos e um número menor de questões difíceis, porquanto os primeiros são em maior número que os outros. Poderia ser criada Turma especializada para apreciar agravos de instrumento, recurso singelo, em que o Tribunal apenas verifica as condições e pressupostos de admissibilidade de outro apelo, de modo que tais decisões fossem proferidas rapidamente e não como acontece agora, quando um agravo desse tipo pode levar mais de um ano para ser apreciado. Ainda no pertinente aos recursos, acho que para inibi-los e para tornar mais efetiva a execução, deveria o depósito recursal corresponder ao valor da condenação, alterando-se os limites vigentes

Como o sol, a CLT é a luz que clareia a escuridão do Direito Material e Processual do Trabalho. Portanto, acho que devemos manter a chama acesa. Precisamos, tão somente, abastecer o fogo e este queimará as impurezas que ceifam a vida dos humildes trabalhadores. Com vontade, determinação e muito trabalho as coisas se resolvem naturalmente. Não é necessário mudanças radicais. Basta agir com bom senso, equilíbrio e, principalmente, com espírito de equipe.

Produção Gráfica e Editoração Eletrônica: **FAMA EDITORA**
Capa: **ELIANA C. COSTA**
Impressão: **COMETA GRÁFICA E EDITORA**